U0016993

中國青銅時代 第二集

張光直 著

前言

　　自從1982年《中國青銅時代》出版以來，我在一系列的論文中對中國青銅時代的一項重要的特徵從各方面作了比較深入的討論。這項特徵便是作為巫術法器的中國古代藝術品在造成或促進政權集中上所起的重要作用。因政權的集中在中國歷史上一向是與財富的集中緊密結合的，而財富的集中又是文明產生的基礎，中國古代的藝術在文明起源的程序上就起了關鍵性的作用。中國古代藝術（以青銅器為中心）的這種作用，在文明起源，國家起源，階級社會起源這一類社會科學上的原則性，法則性的問題上，有世界一般性的意義。這本小書裏面把這些論文集中在一起發表，可以再一次引起讀者們對整個這個問題的注意。

　　近來中國古史，考古學者對中國文明起源的問題有很熱烈的討論；討論的焦點一般集中在文明起源的歷史階段，最初起源的地區，與中國文明是一元還是多元這一類的問題。這些問題都是必要的，是前提性的，而近來的討論已經導致極有建設性的結果。可是中國文明起源的動力與因果關係的問題，就是中國文明社會是"怎樣"形成的，"為甚麼"這樣形成，它的形成牽涉那些因素，它的形式如何反映它的內容……這一類的問題還比較缺乏討論。本書所收的九篇論文，可以初步填補這一類的空白。

　　九篇論文都是發表過或即將發表的，原刊出處都註明在每篇題目下面。我在此對原出版者敬表謝意。因爲原來各篇是分別發表的，彼此之間在用句與引文上有不少重覆之處，所以在編入本書時略有刪減。

　　這裏的討論有不少比較有系統的收入 *Art, Myth and Ritual: The Path to Political Authority in Ancient China* (Harvard University Press, 1983)。這書在1988年由郭淨先生譯成中文，遼寧教育出版社出版，書題爲《美術，神話，與祭祀》。

1989年 3 月27日

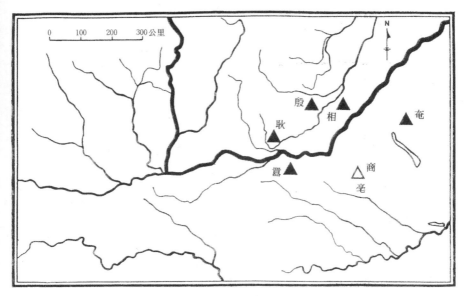

圖一　商代都城的位置

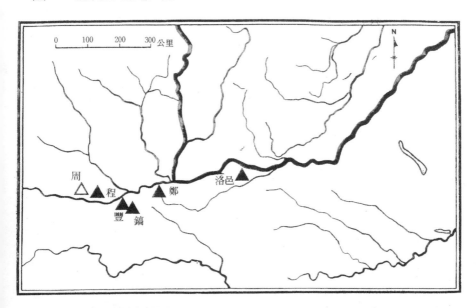

圖二　西周都城的位置

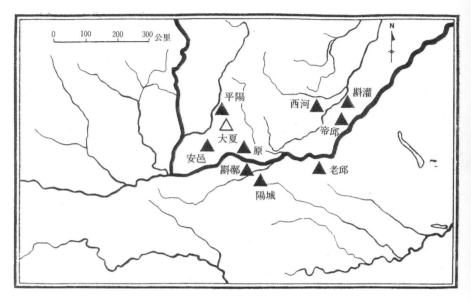

圖三　夏代都城的位置

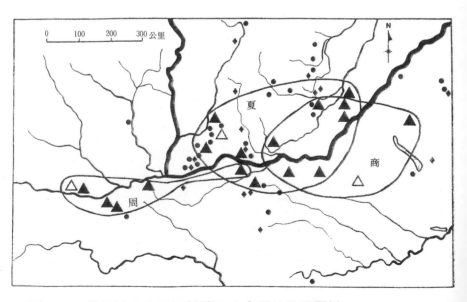

圖四　三代都城分布與銅錫礦分布之間的地理關係

圖五　金文中的巫字和巨字

（采自高明，《古文字類編》，中華，1980）

圖六　周原「雞子來降」卜辭

（采自陳全方，見註(11)）

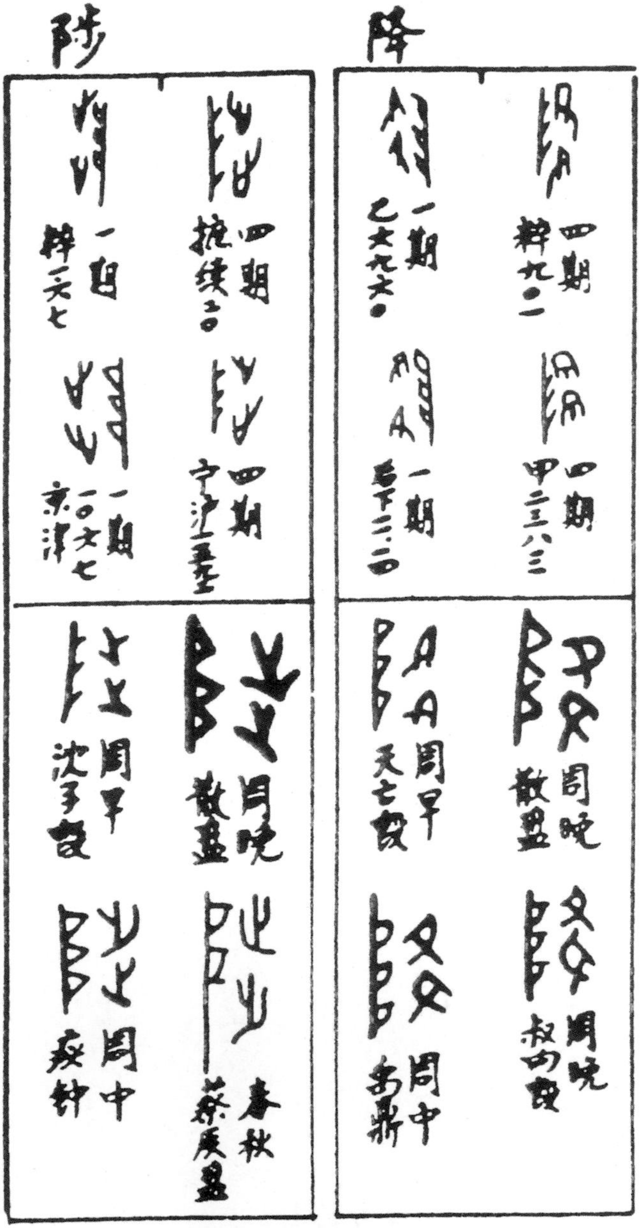

圖七　卜辭與金文中的"降"和"陟"

（采自高明，《古文字類編》）

圖八　金文中"若"字與東周銅器花紋中的舞人

（金文采自容庚，《金文編》；舞人像采自Charles Weber , *Chinese Pictorial Bronze Vessels of the Late Chou Period,* 1969 Ascona：Artibus Asiae）

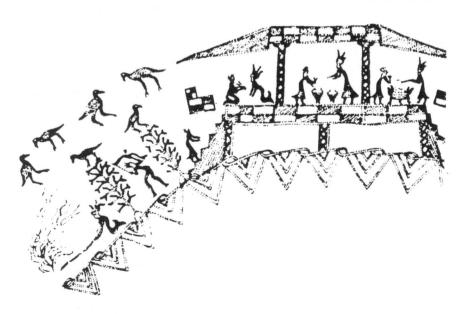

圖九　東周銅器花紋中的神樹與鳥

（采自Charles Weber上引書）

圖十　卜辭中帝史鳳及帝令鳳例（采自《卜辭通纂》398及《殷墟文字丙編》117)

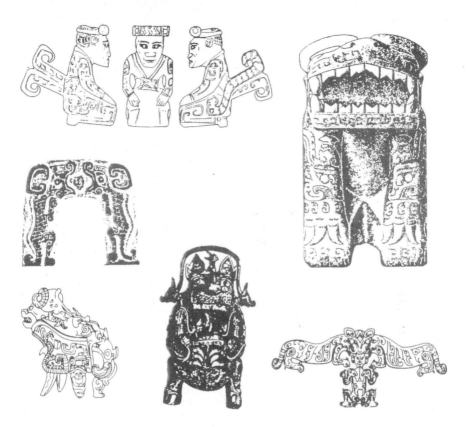

圖十一　人與動物轉形（上左，上右）及人與動物親暱夥伴
〔上左：殷墟婦好墓；上右：殷墓西北崗1001大墓；中左：殷墟大柏樹墳方鼎；
下左、下中：國外博物館藏品；下右：安徽阜南〕

圖十二　祭（右）彝（左）
字象形滴血

（祭字采自《甲骨文編》，
彝字采自《金文編》）

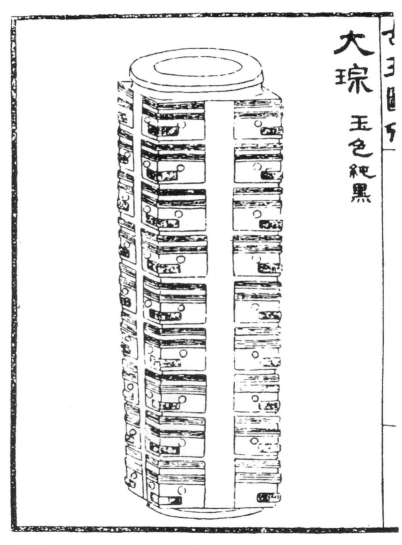

圖十三　吳大澂《古玉圖考》中的大琮

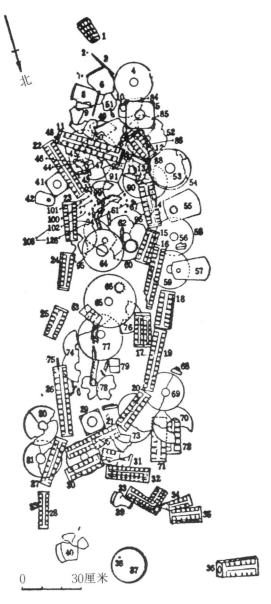

圖十四　寺墩３號墓平面圖

（采自《考古》1984（2））

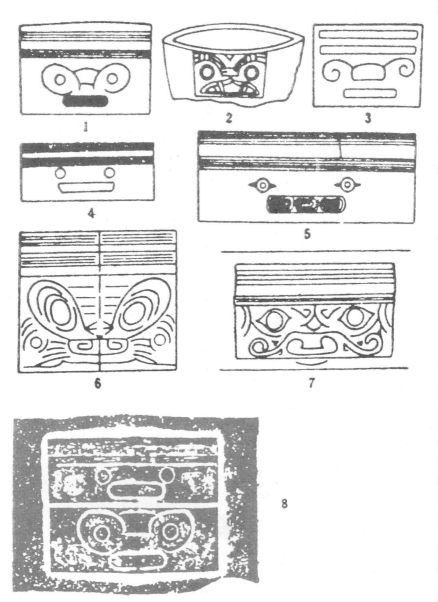

圖十五　良渚文化出土玉琮面紋 1.4.5:寺墩　2:張陵山上層　3:吳興楊府山
6:草鞋山二層　7:廣東石硤文化　8:上海福

（1-7采自《史前研究》1985（5）；8采自《文物》1984（2））

圖十六　中國北方新石器時代若干巫性美術

（中采自吳山、〈中國新石器時代陶器裝飾藝術〉,《文物》1982；

其它采自〈青海柳灣〉,《文物》1984）

圖十七　金文中亞形例

（左、中，選自《三代吉金文存》，卷6.11；

右，於1981年出土於陝西長安普渡村西周中期墓）

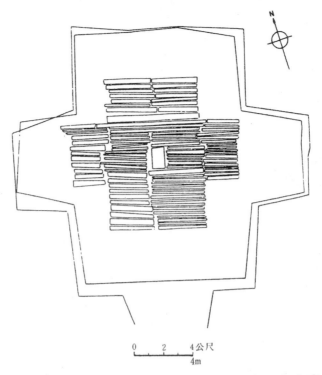

圖十八　安陽殷墟西北岡1001號大墓的亞形墓坑與木室

(采自梁思永、高去尋,《侯家莊1001號大墓》, 1962, 頁24)

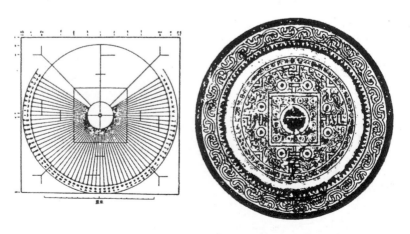

圖十九　漢代的日晷(左)與規矩鏡(右)

(左圖采自李約瑟,《中國科學技術史》, 第四卷〈天學〉, 1978年, 頁312;
右圖采自《文物》1987(12), 頁1117, 中國歷史博物館藏鏡)

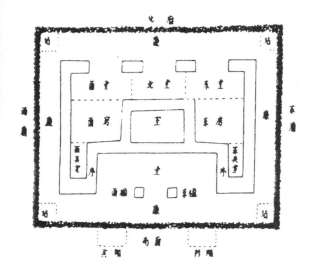

圖二十　鳳翔馬家莊
　　　秦人宗廟

〔采自《文物》1985(2)，頁31〕

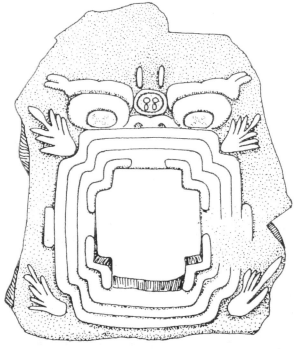

圖二十一　墨西哥卡爾
卡金哥遺址奧爾美克文
化石刻第九號的亞形大口
〔采自David Grove, *Chalcatzingo*,
London, Thames and Hudson,
1984, p.48〕

圖二十二　楚繒書加上方框，躲開四木，構成亞形的明堂

圖二十三　戰國時代美術品中的龍(左)和虎(右)蹻

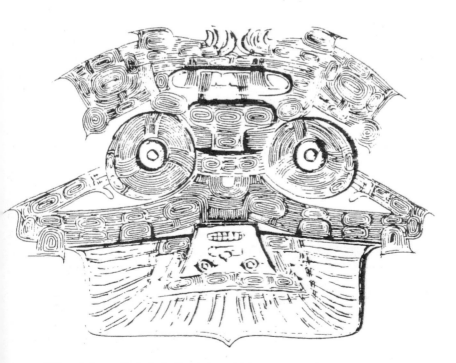

圖二十四　良渚文化玉琮上的巫蹻形象

圖二十五　人物馭龍帛畫

目次

前言⋯⋯⋯⋯⋯⋯⋯⋯⋯⋯⋯⋯⋯⋯⋯⋯⋯⋯⋯⋯⋯ i

關於中國初期"城市"這個概念⋯⋯⋯⋯⋯⋯⋯⋯⋯⋯ 1

夏商周三代都制與三代文化異同⋯⋯⋯⋯⋯⋯⋯⋯⋯17

商代的巫與巫術⋯⋯⋯⋯⋯⋯⋯⋯⋯⋯⋯⋯⋯⋯⋯⋯41

談"琮"及其在中國古史上的意義⋯⋯⋯⋯⋯⋯⋯⋯⋯67

說殷代的"亞形"⋯⋯⋯⋯⋯⋯⋯⋯⋯⋯⋯⋯⋯⋯⋯81

濮陽三蹻與中國古代美術上的人獸母題⋯⋯⋯⋯⋯⋯91

中國古代藝術與政治——續論商周青銅器上的動物紋樣⋯⋯99

從商周青銅器談文明與國家的起源⋯⋯⋯⋯⋯⋯⋯ 113

連續與破裂:一個文明起源新說的草稿⋯⋯⋯⋯⋯⋯ 131

關於中國初期"城市"這個概念*

在人類社會史的研究上，城市的初現是當作一項重要的里程碑來看待的。在西方社會科學的文獻中有不少對什麼是城市、城市在歷史上什麼階段開始出現，以及城市初現的因素與契機是什麼這一類問題的討論。近年來由於龍山文化與三代早期考古遺址的許多新發現，城市在中國的起源與發展便更成爲一項引人注意的課題[1]。在這種情況之下，我們在研究新舊考古材料在社會發展史上的意義的同時，把"城市"的研究上的若干基本觀念澄清一下，應該是有助於進一步的討論的。這篇短文的主要目的是從中國初期城市的若干特徵出發來討論一下城市在中國古史分期的研究上應如何在概念上加以處理的問題。

西方社會科學裏面對"城市"（city）、"城市生活方式"（urbanism）與"向城市生活方式發展"（urbanization）這一連串的概念的研究和討論，由來甚早，內容也很複雜，在這裏不必詳細追述[2]。晚近西方考古學者所常用的關於城市的定義，多源於

* 原載《文物》1978(2)，頁61-67。
(1) 或見：杜瑜：〈中國古代城市的起源和發展〉，《中國史研究》，1983(1)，頁148-157。
(2) 如：Lewis Mumford, *The City in History: Its Origins, Its Transformations, and Its Prospects* (New York: Harcourt, Brace and World, 1961).

英國史前學者戈登・柴爾德（V. Gordon Childe）1950 年在利物浦大學《城市規劃評論》雜誌裏發表的題爲〈城市革命〉的一篇影響力甚爲深廣的文章[3]。他在這篇文章裏面"從歷史上——或說從史前史上——把城市作爲導致社會進化上的一個新的經濟階段的一次'革命'的結果與象徵而提出。'革命'這個詞自然不可看作是指稱一次突然的劇變的，它在這裏用來指稱在社羣的經濟結構和社會組織上一種逐進變化的高潮——這個高潮造成受其影響的人口急劇地增加，或至少與這項增加同時出現"[4]。柴氏指出英國的工業革命便是社會史上的一次這種規模的"革命"；他相信在工業革命之前英國土地上（事實上在全球多處土地上）還經歷了兩次類似的革命，即"新石器時代革命"（Neolithic Revolution）和"城市革命"（Urban Revolution）。城市革命的結果便是"城市"在人類史上的初現。從考古學的資料中來界說城市，柴氏舉出了十項標準：

　　(1)最初的城市較過去任何聚落均爲廣大，其人口亦較稠密。蘇末爾城市的人口據估計在七千到二萬之間；印度河流域古代文明的城市人口可能接近兩萬。

　　(2)城市人口的構成和功能與前迥異，包括不從事農業、畜牧、漁撈或採集以取得食物的其它階層——專門化的工匠、運輸工人、商人、官吏與僧侶。

　　(3)直接生產者必須向神或神權下的國王繳納賦稅，以產生剩餘財富的集中。

---

(3) "The urban revolution," *The Town Planning Review*, vol. XXI, no. 1, (1950), pp. 3-17.

(4) 同(3), p. 3.

⑷規模巨大的公共建築不但標誌城市與前此村落之異，而且作爲社會剩餘財富的象徵。

⑸僧侶、官吏和軍事首長形成統治階級，從事計畫、組織等勞心活動。下層階級從事勞力。

⑹財富的經營迫使文字的發明。

⑺文字的發明進一步推動科學的產生──算學、幾何學、天文學。

⑻由剩餘財富所供養的其他專家從事美術的新活動，其美術的概念化與複雜化造成各城市中心美術之差異。

⑼剩餘財富更用於外來商品之輸入，造成原料貿易的發達。

⑽由於原料能 够輸入， 同時受到以居住地位 （ 而非親族地位） 爲基礎的國家的保護，專門化的工匠成爲城市政治構成的下層成員。

　柴氏的十大標準如加以簡化，實指古代社會演進過程中從事生產活動人口的分化。但對這種分化的動力，亦卽剩餘財富產生的基礎，柴氏在〈城市革命〉這篇文章裏沒有清楚說明。從柴氏的其他著作中，我們知道他是強調生產技術的進步與貿易活動的發達在城市革命發生上的重要性的。在《人類創造自己》(1936)一書裏， 柴氏強調了在 產生古代文 明的沖積河 谷平原上灌漑工程與廣泛貿易活動的興 起在城市革 命上的重要性 [5]； 在《歷史上發生了什麼》(1942) 一書裏，他更明確地指出 "冶金術、 輪子、 牛車、 趕貨的驢和帆船提供了 一個新的經 濟組織的基礎"

────────

(5) Gordon Childe, *Man Makes Himself* (London: The Rationalist rPess, 1936; 引自 *New York Mentor Books* 1951, p. 115).

(6)，亦卽指生產工具、灌溉工程工具與貿易運輸而言。換言之，柴氏城市革命的中心概念，是由生產技術與貿易的發達而導致的經濟起飛造成社會內生產與非生產活動人口的分化，形成城市革命的基本動力。

繼柴爾德氏之後，西方考古與古史學者繼續在城市起源問題上作熱烈的討論，也產生了不同的意見，但思想的主流，並沒有產生本質上的改變(7)。這是因為作為西方社會科學基礎的西方文明史（自兩河流域及波斯一直到古典的歐洲）從考古學與歷史學上對這種城市起源的看法加以實質上的支持的緣故。西方文明史上最早的城市一般以公元前三千五百年左右的兩河流域的蘇末爾城市烏魯克 (Uruk) 為代表。在這個時代的烏魯克城的考古遺迹中出現了三項新的重要的文化成分，卽巨大廟宇的建築，長圓柱形印章的產生與楔形文字的創造。這些新的成分都充分反映了當時當地經濟貿易活動的起飛(8)。

既然西方社會科學是西方文明歷史經驗的總結，中國的歷史經驗也可用來做為新舊社會科學法則討論的基礎。討論中國城市史必須澄清的首要問題，是我們根據考古與文獻材料，應該依照西方社會科學家根據西方文明史歸納出來的城市定義來尋找城市

---

(6) Gordon Childe, *What Happened in History* (Penguin Books, 1942, 修訂版 1954), p, 86.

(7) 如：C. H. Kraeling and R. M. Adams, eds., *City Invincible* (Chicago University Press, 1960); Robert McC. Adams, *The Evolution of Urban Society* (Chicago: Aldine, 1966).

(8) C. C. Lamberg-Karlovsky and J. Sabloff, *Ancient Civilizations: The Near East and Mesoamerica* (Menlo Park, California: The Benjamin/Cummings, 1979), p. 145.

的初現，還是應該在中國聚落史的材料裏找尋它自己的聚落形態
的發展過程與規律，而在這個過程中辨認城市這一聚落形態在中
國社會史中的實際界說？

　　要回答這個方法論上的問題，我們不能不首先掌握一件歷史
上的事實，即中國最早的城市與西方最早的城市在很多方面有相
當顯著的不同。傅筑夫氏在討論城市的起源時曾指經出，"中國
封建制度的最大特點之一，是城市的性質及其發展道路，與歐洲
封建時代的城市完全不同，因而中國古代城市在整個封建經濟結
構中所處的地位，及其對經濟發展所起的作用，亦完全不同。"
[9]我們可以更進一步說，"從城市的起源上來看，中國古代的城
市與歐洲古代的城市，兩者〔其實也有〕本質的不同。"[10]中
國最早的城市的特徵，乃是作為政治權力的工具與象徵。費孝通
氏把近代中國的城邑叫做"在權力居於武力這種政治系統裏面統
治階級的一種工具。它是權力的象徵，也是維護權力的必要工
具。"[11]這個界說，是完全適用於中國最古的城市的。

　　傅氏所說"從本質上看，城市是階級社會的產物，它是統治
階級──奴隸主、封建主──用以壓迫被統治階級的一種工具"，
這與上述的看法基本上一致。他跟著又說，"城市興起的具體地
點雖然不同，但是它的作用則是相同的，即都是為了防禦和保護
的目的而興建起來的。"[12]這個說法也是有力的，但是是比較

　(9)　傅筑夫：《中國經濟史論叢》（三聯書店，1980年版），上冊，頁321。
　(10)　同(9)，頁322，原文作："兩者並沒有什麼本質的不同"。
　(11)　Hsiao-t'ung Fei, *China's Gentry* (Chicago, University Press, 1953),
　　　p. 95.
　(12)　同(9)，頁323。

片面的。對城市的防禦作用的強調，專就中國史籍而言，是跟着
"鯀作城郭"一類古代傳說中對城郭的強調而來的。《禮記·禮
運》也說，"今大道旣隱……貨力爲己，大人世及以爲禮，城郭
溝池以爲固"，也強調了城郭溝池保護私有財產的一面。但從考
古材料全面來看，城市的初現在中國古代聚落形態史的過程中，
是由一系列的互相聯繫的變化而標誌出來的，其中城郭的出現只
是一項。以商代二里岡期與殷墟期的考古材料爲準，這種新的聚
落形態所包括的在考古材料中有所反映的因素，通常至少有下面
這幾項：

　　(1)夯土城牆、戰車、兵器；

　　(2)宮殿、宗廟與陵寢；

　　(3)祭祀法器（包括青銅器）與祭祀遺迹；

　　(4)手工業作坊；

　　(5)聚落布局在定向與規劃上的規則性。

這幾項因素顯然是彼此之間作有機性的聯繫的，並且是互爲因果
的。這在研究中國上古史的人看來很明顯，其中的線索也很清
楚，這裏不必詳加解釋。換言之，中國初期的城市，不是經濟起
飛的產物，而是政治領域中的工具。但與其說它是用來壓迫被統
治階級的工具，不如說它是統治階級用以獲取和維護政治權力的
工具。

　　甲骨文中的"作邑"卜辭與《詩經·綿》篇等文獻資料都清
楚表明古代城邑的建造乃是政治行爲的表現，而不是聚落自然成
長的結果。這種特性便決定了聚落布局的規則性。《周禮·考工
記》所記"匠人營國……"這一套規矩是來源久長的，雖然規矩

的細節自三代到漢一直是在變化著的。夯土城牆、戰車、青銅兵器等遺迹遺物，在考古材料中反映著戰爭的劇烈與頻繁，但鬪爭的對象，與其說都是階級之間的鬪爭，不如說主要是國邑與國邑之間侵犯兼併性的鬪爭，亦卽以掠奪財富爲目的的鬪爭。規模巨大的地上建築的宮殿與小型的、內容貧乏的半地下室作強烈的對比，是統治者統治地位的象徵，也是借其規模氣氛加強其統治地位的手段。宗廟、陵寢和青銅、玉等高級藝術品的遺迹遺物，以及祭儀的遺迹如犧牲或人殉之類，一方面是作爲政權基礎的宗法制度的象徵，一方面是借宗教儀式獲取政治權力的手段，這在幾篇拙著裏有比較詳細的討論。[13] 至於手工業的作坊，除了少數與生產工具有關，多數是青銅器、玉器、骨牙器等儀式性的藝術品的作坊；它們一方面代表生產活動的分化，一方面是更清楚地表現政治權力工具的製造工業。

中國初期城市之爲獲取政治權力的工具這一點，又表現在三代遷都的規則性上。從歷史文獻上看，夏商周三代的都城都屢有遷徙。夏都有禹居陽城（又都安邑、平陽，一說晉陽），太康居斟鄩，相居帝邱（又居斟灌），宁居原，遷于老邱，胤甲居西河，桀居斟鄩[14]。殷商史上遷都"前八後五"，其中立國之後的五遷六都一般都說是湯居亳，仲丁遷隞，河亶甲遷相，祖乙遷耿（或邢），南庚遷奄，盤庚遷殷[15]。西周則自太王到平王遷都五

---

(13) 張光直：《中國青銅時代》（三聯書店，1983 年版）；*Art, Myth, and Ritual: The Path to Political Authority in Ancient China* (Cambridge; Harvard University Press, 1983)；〈中國古代的藝術與政治〉，《新亞學術集刊》4（1983年），頁29-35。

(14) 嚴耕望：〈夏代都居與二里頭文化〉，《大陸雜誌》61(1980年)，第 5 期，頁 2。

(15) 唐蘭：〈從河南鄭州出土的商代前期青銅器說起〉，《文物》，1973(7)，頁5-14。

次：岐周、程、豐、鎬、鄭和洛邑[16]。爲何三代遷都如此頻繁？
討論這個問題的大有人在，其說法大致有兩派，一主張游居生
活，一主張政治因素。持前說者有丁山，謂帝王都邑由流動而漸
趨固定，是國家政治發展之常則，因爲“部落時代之生活，農業
方在萌芽，大部分生活基礎仍爲游牧，游牧者因水草而轉徙，部
落之領袖因其族類而亦轉徙不定；於是政治中心之所在，旣無所
謂都邑，更無固定可言。”[17]傅筑夫說都邑之屢徙乃是“爲了
農業生產的需要去改換耕地實行游農”[18]，與丁說相近。這種
說法，在原則上雖不無可取，卻與我們目前所知殷商農業技術水
平不盡相合。我們所比較傾向的說法，是三代遷都的原因在於適
應政治上的需要。黎虎說殷人屢遷都是“自中丁以來……比九世
亂”所引起王室與貴族之間矛盾鬥爭的結果，殷王每借遷都以重
整王室力量[19]。鄒衡則主張殷商之遷都乃是爲了作戰的考慮：
“當時選擇王都的地點不能不考慮到作戰的方便……成湯居亳，
顯然是爲了戰勝夏王朝及其殘餘勢力。盤庚遷殷……就是爲了對
付北方和西方的強大敵人。”[20]齊思和也說周都自西東遷亦出
於殷商爭奪政權的動機：“文王之遷豐，不徒便於向東發展，與
商爭霸，抑豐鎬之間川渠縱橫，土地肥饒，自古號稱膏腴之地。”

(16)　常征：〈周都南鄭與鄭桓封國辨〉，《中國歷史博物館館刊》，1981(3)，
　　　頁15。

(17)　丁山，〈由三代都邑論其民族文化〉，《中央研究院歷史語言研究所集刊》
　　　5(1935年)，頁87。

(18)　同(9)，頁47。

(19)　黎虎：〈殷都屢遷原因試探〉，《北京師範大學學報（社會科學版）》，
　　　1982(4)，頁42-55。

(20)　鄒衡：《夏商周考古學論文集》（文物出版社，1982年版），頁210。

[21] 其他討論這個問題的學者實繁，上面幾位可以作例。

　　在最近的一篇論文裏，我們嘗試指出三代都城遷徙上的一個規律，並試求其解釋。這個規律是：　"三代國號皆本於地名。三代雖都在立國前後屢次遷都，其最早的都城卻一直保持著祭儀上的崇高地位。　如果把那最早的都城比喻作恒星太陽，　則後來遷徙往來的都城便好像是行星或衞星那樣圍繞著恒星運行。再換個說法，　三代各代都有一個永恒不變的 '聖都'，　也各有若干遷徙行走的 '俗都'。　聖都是先祖宗廟的永恒基地，　而俗都雖也是舉行日常祭儀所在，　卻主要是王的政、　經、　軍的領導中心。　聖都不變，　緣故容易推斷；而俗都屢變，　則以追尋靑銅礦源爲主要的因素。　" [22]

　　討論這個問題的焦點，是靑銅器在三代政治鬪爭中的中心地位；這在上文已經略談。對三代王室而言，靑銅器不是宮廷中的奢侈品或點綴品，　而是政治權力鬪爭上的必要手段。　沒有靑銅器，三代的朝廷就打不到天下。沒有銅錫礦，三代的朝廷就沒有靑銅器。這中間的關鍵線索便是如此的直截了當。

　　三代中以安陽殷墟出土的靑銅器爲數最多，但其銅錫礦石的來源尚未經過科學的分析。石璋如曾根據古代的地方志和近代礦業地志查出來全國 124 縣有過去出銅礦的紀錄。　其中位於中原的，山西有12處，河南有 7 處，河北有 4 處，山東有 3 處。如以安陽爲中心，則在距安陽200公里之內的銅礦，山東有 1 處（濟

---

(21) 齊思和：〈西周地理考〉，《燕京學報》30(1946)，頁87。
(22) 張光直：〈夏商周三代都制與三代文化異同〉，《歷史語言研究所集刊》，55(1984)，頁51-71。

南)，河南有 3 處（魯山、禹縣、登封），而山西有 7 處（垣曲、
聞喜、夏縣、絳縣、曲沃、翼城、太原）。

> 據此則殷代銅礦砂之來源，可以不必在長江流域去找，
> 甚至不必過 黃河以南。 由濟南而垣曲、 而絳縣、 而聞
> 喜， 在這中條山脈中， 銅礦的蘊藏比較豐富。 胡厚宣
> 〈殷代舌方考〉（《甲骨學商史論叢初集》）認爲舌方卽
> 今之陝北。……如果舌可能爲礦的話，則挖礦的叫舌，
> 舌方卽礦方，卽晉南一帶。……舌方並非單指某地，是
> 指出銅礦的一帶而言。舌方應該貢礦，出礦而不來貢是
> 應當討伐的，所以卜辭有出不出、來不來的記載。武丁
> 是殷代鑄銅最盛的時期，所以要維護銅礦的來源，不惜
> 大動兵力，或三千，或五千，甚至王自親征。從地域與
> 征伐來觀察，討伐舌方，實際上等於銅礦資源的戰爭。
> (23)

雖然這個說法中有 若干點令 人難以同意 （如舌方卽礦方， 在晉
南)，但把銅礦與征伐相連接起來看則是很有啟發性的。晉南除
了銅礦以外，還有華北最爲豐富的鹽礦，在中國古代的確是一個
富有戰略性資源的地區。從這個觀點把三代都看進去，則三代中
第一個朝代夏代 之崛起於晉南， 第二個朝代 商代之發展 自東徂
西，以及第三個朝代周代之自西而東的發展趨勢，就都很快的顯
露出一些新的意義。附圖將石氏所找到的出銅礦和出錫礦的縣份
注出，看看它們與三代都城分布的關係。這些出銅錫礦的地點集

---

(23)　石璋如：〈殷代的鑄銅工藝〉，《歷史語言研究所集刊》26(1955)，頁102-
103。

中在華北大平原邊緣的山地，而以豫北、晉南爲中心。這些礦都較稀薄，以三代取銅錫量之大，每個礦產地維持開採的時間可能相當有限。丁文江在《中國礦業紀要》中說： "中國銅礦分布甚廣而開採亦最古，然觀其歷史，銅業之中心，東漢爲豫浙……，在唐爲晉鄂，在宋爲閩贛，在明淸爲川滇，一地之興，殆無過三百年者。" [24] 更早的靑銅時代，需礦量之大是很驚人的。照《中國古代冶金》所說， "在古代卽使選用最富的礦石，每煉一百斤銅恐怕也要用三、四百斤或更多的礦石。" [25] 這個估計恐失之於過於樂觀；如果把當時技術管理等各方面水平以及礦石質量不齊等因素都考慮進去，五比一恐怕是更合乎實際的比例。1976年殷墟發掘的婦好墓所出靑銅器的全部重量據估計達 1625 公斤 [26]。如果錫礦與錫的比例與銅相似，那麼這一個中小型的墓中所出的靑銅器便表明需要 8 噸以上的礦石。1978年在隨縣擂鼓墩的曾侯乙墓中挖出來靑銅容器 140 件，靑銅鐘 65 件，靑銅兵器 4500 件 [27]。器物的重量還未見有完全的統計，但其中容器與編鐘異常重大：有兩件容器重達320與362公斤，而最大的鐘重 204 公斤。說這個墓中出土靑銅器全重在 10000公斤以上，可能是合理的估計，那麼便需要50噸以上的礦石才能冶煉出這些靑銅。像這種用法，比較稀薄的銅錫礦很快的便到了不能進一步開採下去的地步，因此當時恐需隨時尋求新礦。那時在尋求新礦、保護

---

(24)　《中國礦業紀要》，第一號，頁41。

(25)　《中國古代冶金》（文物出版社，1978年版），頁28。

(26)　《殷墟婦好墓》（文物出版社，1980年版），頁15。

(27)　《隨縣曾侯乙墓：發掘簡報與論文匯編》（湖北省博物館，1979年）；《隨縣曾侯乙墓》（文物出版社，1980年版）。

礦源以及保護礦石或提煉出來的銅錫的安全運輸上，都城很可能
要扮演重要的角色。從圖四上我們可以很清楚地看出，夏代都城
的分布區與中原銅錫礦的分布區幾乎完全吻合。商代都城則沿山
東、河南山地邊緣逶巡遷徙，從採礦的角度來說，也可以說是便
於採礦，亦便於為採礦而從事的爭戰。周代的都城則自西向東一
線移來，固然可以說是逐鹿中原所需，也可以說是覓求礦源的表
現，因為陝西境內銅錫礦源都較稀少。這些現象都很清楚地表現
了三代都城作為服役王室從事政治權力鬥爭工具的性質。都城是
眾城之首，它在城市的政治性上應該是有很大的代表作用的。

　　把中國初期城市這一個特性說明了以後，我們便可試求解答
中國城市起源史上的兩個重要問題。第一個是在中國考古與歷史
的資料中如何辨認這樣界說的城市在中國最早出現及在何種情況
之下最早出現的問題。第二個是這種城市的性質與文首所介紹的
按西方社會科學思想所歸納出來的城市不相契合所引起的城市定
義問題。

　　這兩個問題的回答都要仰仗中國考古工作者與上古史學者更
進一步的工作，這裏我們只能作一些非常初步的討論。關於第一
個問題，我們知道，二里岡期的商代城市是具備上述初期城市的
特性的；　事實上它們是我 們在辨認這種特性上 所根據的主要資
料。這一時期的商代遺址已經發掘了很多，其中至少有三處已發
現夯土城牆，卽鄭州、 偃師與黃陂盤龍城三座商城 。 這些城址
除了有夯土城牆以外還具有宮殿式的大型夯土基址，有手工業作
坊，有青銅兵器與禮器，有玉器，有殉人等祭祀遺迹等等。整個
看來，中國古代文化史上的二里岡期可以作為討論中國城市初期

史的一個堅強的據點。

中原文化史再往上推便是二里頭文化。依據已發表的資料來看，這一期的遺址中還沒有時代清楚無疑的夯土城牆的發現，但在二里頭遺址的上層曾發現了東西長108、南北寬100米的一座正南北向的夯土臺基，依其大小和由柱洞所見的堂、廡、座、門的排列，說它是一座宮殿式的建築，是合理的。這個基址的附近還發現了若干大小不等的其它夯土臺基，用石板和卵石鋪的路，陶質排水管，可見這是一羣規模宏大的建築。在遺址和墓葬出土的遺物中有不少青銅器，如工具、武器和包括爵在內的數件禮器，以及玉飾、玉質禮器、鑲嵌綠松石的銅片等高級藝術品。手工業作坊遺址包括鑄銅、製骨、製陶遺迹。墓葬有兩種：一種是長方形豎穴墓，有隨葬品；一種無墓壙，無隨葬品，死者姿勢不一，有的身首異處，有的作捆縛狀，可能是祭祀活動的犧牲。[28] 整個看來，偃師二里頭的這個建築羣具有二里岡城市的若干主要特徵，相當程度上在政治權力之獲取與維持上扮演了重要的角色。看來二里頭文化期將是討論中國城市初現問題的一個焦點。二里頭文化與夏文化和夏代文化的關係正是當代中國考古學上集中討論的一個中心課題[29]，所以在這上面也就牽涉著夏代城市在考古學中證實的問題。

二里頭文化以前的中原有龍山文化晚期的遺址，其中至少有四處發現夯土城牆，但僅在登封王城崗和淮陽平糧臺有較多發掘

(28) 《新中國的考古發現和研究》（文物出版社，1984年版），頁 215-219。
(29) 同⑳，殷瑋璋〈有關夏文化探索的幾個問題〉，《文物》1984(2)，頁 55-62。

材料。王城崗有所謂"奠基坑"，其中有成人與兒童骨架；平糧
臺的城門口有"門衛房"，有銅渣和陶排水管道 [30]。 王城崗遺
址還有出土青銅鬹殘片的報告 [31]。 看來三代時期城市型聚落在
龍山晚期已具雛型，而且這又與考古學上的夏文化與夏代的討論
是相連接的。

　　這種在中國資料中有劃時代意義的城市，與上文所介紹的西
方社會科學家根據西方歷史資料歸納出來的初期城市在基本性質
上不同這一點，我們應當如何對待? 我們是否應將中國的初期城
市稱爲城市，還是應稱之爲雛型城市或原始城市? 在這一點上我
們不能忽略的事實，是中國型的初期城市與近東型的初期城市都
是在階級社會、文明、文字、國家等一連串的有關的現象初現時
出現的；中國初期城市並不代表社會進化史上的一個比近東初期
城市所代表的階段較早的階段。我覺得我們用什麼名詞來稱呼這
種聚落類型是不重要的，要緊的是我們要掌握它的本質，掌握它
在中國歷史上的地位。 在考古學上 我們隨時隨地 將現象 加以分
類，予以命名，所用的命名只是事物類別的符號，而名稱本身並
不能當做它所指稱的事物來看待。例如在遺址甲有一種三足器，
我們習稱之爲鼎，在遺址乙也有一種三足器，它與遺址甲的三足
器有很大的不同，但也可以稱之爲鼎。我們比較這兩個遺址的三
足器時，自然不能比較我們用來指稱它們的符號，而必須比較兩
種器物類型本身，不然其間的異同便混淆不清了。這個道理說來

---

(30)　河南省文物研究所，中國歷史博物館考古部：〈登封王城崗遺址的發掘〉，
　　　《文物》，1983(3)，頁8-20；河南省文物研究所，周口地區文化局文物科：
　　　〈河南淮陽平糧臺龍山文化城址試掘簡報〉，《文物》 1983(3)，頁 21-36
(31)　李先登：〈試論中國古代青銅器的起源〉，《史學月刊》，1984(1)，頁 2 。

簡單，但在實踐過程中不知道爲全球多少考古工作者所忽略。
"城市" 這個名詞也是如此。在近東古代聚落形態發展的某一階
段，其聚落類型從較早形式在質上演進爲較晚形式，我們稱這新
形式爲 "城市"。在中國古代聚落形態發展的某一階段，其聚
落類型從較早形式在質上演進爲較晚形式，我們也稱這新形式爲
"城市"。這兩種形式如有不同，並不能因爲兩者同稱城市而說
這種定名是不應當的，或說因此其中之一不能稱爲城市。本文所
提出來的觀點，正是說中國城市初期形式有它自己的特徵。這也
就是說，中國歷史初期從原始社會向文明社會的演進過程有它自
己的若干特性。如何解釋它這種特性與近東和歐洲的西方文明這
一段社會演進特徵之間的差異，與由此所見中國歷史研究對社會
科學一般法則的貢獻，正是亟待我們進一步積極研究的課題。(32)

---

(32) 參閱 K. C. Chang, "Ancient China and Its Anthropological Signifi-
cance," *Symbols*. Autumn (1984).

夏商周三代都制與三代文化異同*

　　夏商周三代的都城都屢有遷徙，這是古史上的定論。我在這篇文章裏擬指出三代都城遷徙上的一個規律性，並試求其解釋。這個規律性，不妨開門見山式的先列舉如下：三代國號皆本於地名。三代雖都在立國前後屢次遷都，其最早的都城卻一直保持著祭儀上的崇高地位。如果把最早的都城比喻做恒星太陽，則後來遷徙往來的都城便好像是行星或衛星那樣圍繞著恒星運行。再換個說法，三代各代都有一個永恒不變的"聖都"，也各有若干遷徙行走的"俗都"。聖都是先祖宗廟的永恒基地，而俗都雖也是舉行日常祭儀所在，卻主要是王的政、經、軍的領導中心。聖都不變，緣故容易推斷，而俗都屢變，則以追尋青銅礦源為主要的因素。三代的這一個政制特徵，是中國古代社會最主要的若干政經特徵的一個尖銳的表現；後文再就這些政經特徵略加說明。

　　對三代都制這個比較新穎的看法的說明，要自商代的都制說起，因為聖俗分都，俗都圍著聖都團團轉的這種都制，是在甲骨文的研究中首先提出來的。殷商史上遷都之"前八後五"是古史

＊原載《中央研究院歷史語言研究所集刊》第五十五本第一分 (1984)，頁51-71.

上熟知的，但這十三個都城都在何處，則學者的意見並不一致。
《尙書序》云：　“自契至成湯八遷”，　孔穎達《正義》考得其
四，曰：　“〈商頌〉云，帝立子生商，是契居商也。《世本》云，
昭明居砥石，《左傳》稱相土居商邱，及湯居亳。事見經傳者有
此四遷，未詳聞也。”王國維《說契至于成湯八遷》，復考究古
籍，將八遷勉強湊齊，未盡可靠。至於成湯居亳以後的五遷，學者
多從《竹書》所誌，列舉仲丁所遷之囂、河亶甲所遷之相、祖乙
所遷之耿或邢（《竹書》作庇）、南庚所遷之奄，以及盤庚所遷之
殷，爲殷商滅夏以後都城所在。依照歷代學者的考證，這些都城
的地望，都在黃淮大平原之上及其邊緣地帶，自山東西部到河北
南部及河南北部、中部、及東部 (圖一)。其中較重要者的現代位
置如下：

　　商：河南商邱[1]。

　　砥石：河北隆平、寧晉縣間[2]。

　　亳：安徽亳縣附近[3]，或說河南商邱之北山東曹縣之南[4]。

　　囂：河南鄭州附近。

　　相：河南內黃附近。

　　耿：河南武陟縣之南。

　　奄：山東曲阜一帶。

　　殷：河南安陽西北。

(1)　王國維：〈說商〉，《觀堂集林》卷十二，頁516（中華書局1959年版）。

(2)　丁山：〈由三代都邑論其民族文化〉，《中央研究院歷史語言研究所集刊》
　　　5(1935)，頁97-98。

(3)　董作賓：〈卜辭中的亳與商〉，《大陸雜誌》，六(1953)，頁8-12。

(4)　唐蘭：〈從河南鄭州出土的商代前期青銅器談起〉，《文物》 1973(7)，頁
　　　7。

這些歷史上傳說的都城及其所在，可靠程度不一。商邱爲宋的都城，周公封微子啟於此以續商祀，看來說這是商人的老巢，是很可信的。可是商邱一帶是有名的黃泛區，有史以來在這裏堆積下來了好幾公尺的淤泥淤土，考古調查發掘工作都很困難，所以商代早期的遺物在商邱還沒有眞正發現過，只在天津博物館藏品裏有一個與鄭州出土的相似的銅爵，據說原來出土於商邱地區 [5]。自1950年以來在鄭州市發掘出來的殷商中期的商城，有人說是仲丁所居之隞 [6]，也有人說便是湯都亳 [7]，但因文字材料缺乏，尙難定案。最後一個都城所在之殷，其遺墟在《史記》上至少提過兩次，但確實的遺址要到十九、二十世紀之交才爲學者所發現。自 1928 年以來安陽的殷墟經歷了長期的科學的發掘，出土了許多甲骨文字資料，證明這個考古遺址確是殷都，爲殷王所居，最遲可以上溯到武丁時代。 [8]

　　商王何以屢次遷都？這個問題且留待下面詳談。在這裏我們要先提出來另外一個問題，卽亘殷商一代，王都屢徙的過程中，商這個最早的都城還維持著什麼樣的地位？從微子封在商以續殷祀這一點來看，說商人先祖宗廟一直在商邱奉祀的說法是有道理的。董作賓根據甲骨文中帝辛十年到十一年征人方途中記下來的卜辭，判定了商與亳這兩個重要的城市的位置以後，提出來這樣一個說法：

---

(5)　〈天津市新收集的商周青銅器〉，《文物》1964(9)，頁33。
(6)　安金槐：〈試論鄭州商代城址──隞都〉，《文物》1961(4/5)，頁73-80。
(7)　郡衡：〈鄭州商城卽湯都亳說〉，《文物》1978(2)，頁69-71。
(8)　宮崎市定對安陽殷墟之爲殷都持不同的意見，見：〈中國古代の都市國家とその墓地──商邑にあったか〉，《東洋史研究》 28(1970)，頁265-282，及〈補遺〉，《東洋史研究》 29(1970)，頁147-152。

> 商者，實卽……大邑商，……亦卽今之商邱，蓋其地爲
> 殷人之古都，先王之宗廟在焉，故于正人方之始，先至
> 於商而行告廟之禮也。[9]

> 殷人以其故都大邑商所在地爲中央，稱中商，由是而區
> 分四土，曰東土、南土、西土、北土。[10]

這個說法，包含好幾個重要的成分。如果大邑商是中商（無論這些個名稱究竟如何，至少在概念上是如此），是分爲四土的商人世界的中心，那麼它便是固定不變的，是商人的恒變的宇宙的不變的核心，在這裏有先王的宗廟。當王都遷去安陽以後，王舉行大事如征人方，要行告廟之禮，要不遠千里而來，在大邑商的宗廟中舉行祭告。（這裏說 "不遠千里 而來"，自然是誇張的說法。從安陽到商邱的空間距離不過二百二十公里。照董作賓所復原的帝辛征人方的日譜，王在九月甲午舉行占卜貞問征人方事，當不久後卽行出發，閏九月癸亥到雇，古顧國，今山東范縣東南十五里。十月初再行，三十餘日後，十一月辛丑到商。沿途勾留，自殷到商一共走了兩個月左右）。如果果然如此，那麼商王的都制便是如上所說的以聖俗分離，聖都爲核心，俗都爲圍繞核心行走的衞星的這樣架勢爲特徵的制度。先王宗廟，甚至建立朝代之聖物儀仗之類，以及爲立國之象徵若干的重器，可能都放在聖都商邱，且殷商一代不變。

董作賓這個殷商都制的說法，雖然有很大的吸引力，卻嫌證

---

(9) 《殷曆譜》（四川李莊：中央研究院歷史語言研究所，1945）下，卷三，頁23。

(10) 同上，下，卷九，頁62。

據不足，還需進一步的研究。陳夢家也置商於商邱，卻不同意董氏"將商、大邑商、中商三者又混同了起來。"[11] 他自己的主張是：

> 天邑商，……疑卽古朝歌之商邑。……大邑商疑在沁陽
> 田獵區，凡正多方多由此出師，出師之前告廟與大邑
> 商。[12]

天邑商的資料很少，其地望不能據之而定。關於大邑商之位於沁陽，陳氏舉三例以證之：

a. …… 正盂方白炎，叀衣翌日步 …… 告于茲大邑商
   （甲2416）。

b. 丁未卜，王才糞貞：王今其入大邑商（別二、岩間）。

c. 甲午卜，王貞：乍余彭，朕禾酉，余步從侯喜正人
   方……告于大邑商……才九月……隹十祀（卜通592）

由a.辭知正人方告于大邑商而步自衣；由b.辭則知糞爲入大邑商之近邑，而其地正是與田獵區之衣相鄰，故岩間大龜又卜田獵于宮于喜之辭，此二地亦在沁陽田區內；c.骨卜又有祭祀於"西宗"之稱，則大邑商有宗廟而稱之爲西，對商丘之商而言，沁陽在西。[13]

但是仔細看來，這三條卜辭並不足以爲大邑商在沁陽的證明。a.辭依屈萬里的詮釋，意謂："維翌日往於衣"而非自衣翌日步至

---

(11) 《殷墟卜辭綜述》（北京科學出版社，1956），頁255。
(12) 同上，頁257。
(13) 同上，頁257。

大邑商[14]。卜辭中的糊，島邦男[15]與鍾柏生[16]都置入商淮之間，
卽商邱以南，淮河以北，與所謂沁陽田獵區還有一段距離。c. 辭
的證據顯然更不充分。

關於商、丘商、大邑商、天邑商等名稱的問題，卜辭學者之
間意見頗不一致。李學勤說天邑商卽商之王畿，而商人告廟在朝
歌[17]。島邦男基本上支持董作賓說，把商這一系列地名都放到
商丘去[18]。鍾柏生檢討各說所得結論是：商、丘商、大邑商、
天邑商皆指商丘，而中商則指殷都[19]。丁驌在卜辭中找到支持
大邑商在商邱之說的資料，但又認爲大邑商也可以指殷都；他的
主要的考慮，大概是這點：

> 想商丘距殷二十多天行程，如果每次征伐先要來此告
> 祭，往返費時，似非行軍之道。況且帝辛祀祭祖先，有
> 嚴密的祀譜。幾乎每天都要祀祭，那能到商丘去祭，勢
> 必祖先宗廟當在京邑區內才可以。[20]

董作賓云商王在大邑商告廟之說，詳情雖未經他說明，卻很清楚
的並不是說所有的祀祭都要在大邑商舉行才可。在小屯所發現的
基址究竟是宗廟還是宮殿，固然不得而知，但小屯與西北岡之使
用人牲顯與祭祀有關。《逸周書·克殷解》記周人克殷後，"乃

(14) 《殷墟文字甲編考釋》（臺北：中央研究院歷史語言研究所，1961），頁304。
(15) 島邦男：《殷墟卜辭研究》（東京：汲古書院1953），頁370-371。
(16) 鍾柏生：《卜辭中所見殷王田游地名考》，(1972)，頁148。
(17) 《殷代地理簡論》（北京科學出版社1956），頁9,14-15,95。
(18) 島邦男上引《殷墟卜辭研究》。
(19) 鍾柏生，同上，頁55-56。
(20) 丁驌：〈重訂帝辛正人方日譜〉，《董作賓先生逝世十四週年紀念刊》（臺北：藝文，1978），頁23-24。

命南宮百達史佚遷九鼎三巫"，可見帝辛都城所在便有九鼎。如
果大邑商在商丘，"先王之宗廟在焉"，則大邑商有大邑商的
廟，殷都有殷都的廟，各有祭祀。全國的廟可能形成有層次上下
不同的網，這個網可能與殷王的宗法有關。

　　上述以聖都爲核心以俗都爲圍繞核心運行的衛星爲特徵的殷
商都制，在近年周原的發掘所強調起來的岐山周都的重要性這個
背景之下，使我們想到周人都制與殷商都制的相似。拋開周的先
世不談，自太王遷於岐下初次建立周國以後，一直到西周數百年
間，周人的首都也像殷人那樣，經過了多次的遷徙：

> 周自太王由漆洛之北"三遷"，南至岐山之陽，作國周
> 原而營周城（舊址在今麟游縣南），其邦族此後始以周
> 爲號。其子季歷繼之，十八年遷治程地而造程都（舊址
> 在今武功縣北），其爲"王季宅程"。季歷之子文王四
> 十四年，避饑饉渡渭徙崇，臨豐水而居，名曰豐京（舊
> 址在今鄠縣境）。文王季世，命世子發築新城于東北鎬
> 池之側，武王滅商，遂移都之，是曰鎬京。成康昭王三
> 世之後，至于穆王，東遷于鄭，或曰南鄭，或曰西鄭。
> 自時而下，雖有懿王十五年西居犬丘（今陝西興平縣東
> 南，漢改名槐里）之舉，而沿西周之世，多沿而未革。
> 直至幽王滅國，平王方棄鄭而東都洛邑（今洛陽）。[21]

是自太王到平王，西周王都共遷五次而有六都（圖二），與殷商建
朝之後遷都次數相同。但歷代史家對此存疑很多，而"言周史者

---

(21)　常征：〈周都南鄭與鄭桓封國辨〉，《中國歷史博物館館刊》 3(1981)，頁
　　　15。

習稱豐、鎬，忽于周、程、槐里，其于南鄭之是否曾爲王都，更
多有異詞，自漢而下，聚訟兩千年未決。"[22]

　　西周歷史上都城問題雖存疑甚多，岐山之周亘西周歷史上在
宗教上的重要地位則不容置疑，而且其重要性經近年周原發掘而
更清楚的認識了出來。自1976年以來在周原的發掘，在岐山的鳳
雛和扶風的召陳、雲塘二村揭露了大片的建築基址，證實了岐周
在聚落史上的顯要地位。根據鳳雛出土的卜甲文字以及各地出土
的陶器，發掘者判斷這片遺址佔居的年代，可能自武王滅紂以前
一直延續到西周晚期。[23]

　　　　據周原考古隊 的調查發掘， 今岐山縣京 當公社賀家大
　　　隊、 扶風縣法 門公社莊白大隊、 黃堆公社雲 塘大隊一
　　　帶，是一個面積廣大、內涵豐富的西周遺址區。遺址北
　　　以岐山爲界，東至扶風縣黃堆公社的樊村，西至岐山縣
　　　祝家莊公社的岐陽堡， 南至扶風縣法 門公社康 家莊李
　　　村，東西寬約三公里，南北長約五公里，總面積十五平
　　　方公里。在這個範圍內，周代文物遺跡異常密集，鳳雛
　　　村四周爲早周宮室（宗廟）建築分布區。……在扶風、
　　　雲塘村南至齊鎮、齊家還發現西周的製骨、冶銅、製陶
　　　作坊及平民居住遺址。……在岐山賀家村四周、禮村北
　　　壕，和扶風莊白村附近約爲西周墓葬區。……同時，在
　　　這十五平方公里的範圍內，自古以來是出土西周青銅器
　　　的重要地點。……兩千年來這一帶出土西周銅器達千件

⑵　同上，頁15。
⒀　《文物》1979(10)，頁34。

之多。⁽²⁴⁾

在這傳世的近千件銅器之外，近年來在這個地區又有許多重要的銅器發掘出土。1976年在扶風莊白大隊一個窖藏裏發現了一百零三件西周時代的銅器，其中有銘文的有七十四件，包括西周前中後三期，是微史家族遺物。其中有史墻盤銘文二百八十四字，內容分前後兩段，前段頌揚周代文王到穆王的功德，後半爲史墻記述其祖考的事迹：

> 青幽高祖，在微需處，雩武王旣栽殷，微史剌祖迺來見武王，武王則令周公舍寓，于周卑處　⁽²⁵⁾

周公將史墻的剌祖在周安頓下來以後，微史這一家族便一直在周居住並服事於周，一直到西周滅亡，岐周淪爲廢墟，微史家族逃亡爲止。顯然亘西周一代岐周一直是周室宮室宗廟重器儀仗所在。這種制度，在基本上與殷商的大邑商可能相似，可是自目前所能看到的資料上看來，岐周在周王室的活動上的重要性似乎頗超過大邑商在商王室的活動上的重要性。

由於岐周在新的考古資料中顯示了重要性，我們不禁想到在古文字學與古史研究上對"宗周"這個名詞的若干討論。陳夢家對金文中的"宗周"有比較詳細的論述：

> 宗周之稱，見於詩書。……據西周金文，宗周與豐、鎬不同地，而宗周乃宗廟所在之地。
> 大廟　同𣪘、趩鼎記王在宗周之大廟

---

(24)　陳全方：〈早周都城岐邑初探〉，《文物》1979(10)，頁46-47。

(25)　採自李學勤釋文，見氏著〈論史墻盤及其意義〉，《考古學報》1978(2)，頁149-157。

穆廟　　大克鼎記王在宗周之穆廟

周廟　　小盂鼎、虢季子白盤、無惠鼎……

郭白馭毀　　"尞於宗周"　（三代8. 50. 4）

逸周書世俘篇　武王朝至燎於周　燎於周廟　告於周
廟……除上述"燎於宗周"外，西周初期（大約當成、
康時）金文中的宗周，其地位是十分重要的……凡此多
涉及諸侯朝見周王之事。

宗周旣非豐、鎬二邑，又爲宗廟所在，于此册命諸侯，
疑卽徙都豐、鎬以前的舊都岐周。……自清以來，陝西
出西周銅器最多之處，是扶風、郿、鳳翔、寶雞、武功
等處，大盂鼎、大克鼎記"王在宗周"命臣工而皆出土
于岐山，可以暗示岐山之周是宗周。……〔是〕宗廟所
在，在此朝見。(26)

如果陳說可行，並不指周王所有的祭祀都要到宗周來舉行。這種
情形與商代境內的宗廟使用情形也許是相似的。金文新材料裏關
于祭祀所在的宮、廟、大室等材料比較豐富，如能作一次有系統
的分析，也許能看出一些眉目來。

　　上述商、周兩代都制，雖不盡相同，卻在兩點上相似。其
一，最早建國的都城名稱卽是朝代名稱，而且這個都城便成爲這
個朝代的宗教上的核心，而政府中心地則屢次遷徙。我們得此結
論之後，不免要對三代的頭一代卽夏的都制發生了很大的好奇
心。商周都制的這兩點特徵，是不是也是夏代都制的特徵？從這

---

(26)　陳夢家：〈西周銅器斷代(二)〉，《考古學報》10(1955)，頁139-141。

去看那夏代都 制的文獻資料， 我們所得到的 初步的答 案是肯定
的 。 夏人最初的都城是大夏， 而夏這個名稱亘有夏一代不變。
《左傳》昭公元年：

> 子產曰： 昔高辛氏有二子，伯曰閼伯，季曰實沈， 居於
> 曠林，不相能也， 日尋干戈，以相征討。后帝不臧，遷
> 閼伯於商邱， 商人是因， 故辰爲商星； 遷實沈于大夏，
> 主參， 唐人是因， 以服事夏商。……及成王滅唐，而封
> 太叔焉， 故參爲晉星。

是以商丘與大夏爲商與唐最早立身之地，而夏因唐地，大夏後日
稱爲夏墟（《左傳》定公四年： "分唐叔以大路,密須之鼓,闕鞏
沽洗， 懷姓九宗， 職官五品， 命以唐誥， 而封于夏墟"）。這個
夏墟的情況，因文獻無徵，是不是在夏代時像大邑商或宗周那樣
也是夏代先祖宗廟所在，我們不得而知，但至少夏代這個名字可
說是自它而來的。 "大夏故墟約在今山西省西南部地區，亦即夏
初禹都故地， 故有夏虛之名。 "[27]自此之後， 夏王亦屢次遷都，
依嚴耕望的綜合敍述 (見圖三)：

(1)禹居陽城， 在今河南登封東南告成鎮。又都平陽， 謂平水
之陽， 在今山西臨汾境。一云居晉陽， 晉水或云郎平水。
又都安邑， 今山西夏縣北。

(2)太康居斟鄩， 在今河南鞏縣西南五十餘里， 亦近偃師。

(3)相居帝邱， 在今河北濮陽縣境。又居斟灌， 今山東觀城縣
境。

----

(27)　〈夏代都居與二里頭文化〉， 《大陸雜誌》卷六一(1980)5，頁 2 。

⑷宁居原，今河南濟源縣西北有故原城。遷於老邱，今河南
　　陳留縣北四十里有老邱城。

⑸胤甲居西河，在今河南安陽地區。

⑹桀居斟鄩，自洛汭延於伊汭、洛汭即今鞏縣境，伊汭即今
　　偃師縣境。

如果夏、商、周三代的都制，都有上面討論的一些特徵，我
們應當如何加以解釋？丁山在〈由三代都邑論其民族文化〉一文
中，謂帝王都邑，由流動而漸趨於固定，是國家政治發展進化之
常則，蓋 "部落時代之生活，農業方在萌芽，大部分生活基礎仍
爲游牧，游牧者因水草而轉徙，部落之領袖因其族類而亦轉徙不
定；於是政治中心之所在，既無所謂都邑，更無固定可言。"
[28] 依此說法，三代都邑之屢徙乃代表當時文化尚在自游牧向農
業轉化之階段。這種說法，在原則固然不無可取，卻嫌空泛，尚
須在具體的史料中取得確證。鄒衡則主張殷商之遷都乃是爲了作
戰之方便："當時選擇王都的地點，不能不考慮到作戰的方便。
……成湯居亳，顯然是爲了戰勝夏王朝及其殘餘勢力。盤庚遷
殷，……就是爲了對付北方和西方的強大敵人。" [29] 齊思和說
周都自西東遷亦出於與殷商爭奪政權的動機："文王之遷豐，不
徒便於向東發展，與商爭霸，抑豐、鎬之間川渠縱橫，土地肥
饒，自古號稱膏腴之地。" [30] 鄒、齊之說，著眼於政治與經濟

⑵　《中央研究院歷史語言研究所集刊》5 (1935)，頁87。傅筑夫《中國經濟史
　　論叢》（三聯），頁19-47 的說法，"即爲了農業生產的需要去改換耕地，
　　實行游農"可以說是這種游居說的一個亞型。

⑵　《夏商周考古學論文集》（北京：文物出版社，1982），頁210。

⑽　〈西周地理考〉，《燕京學報》30，(1946)，頁87。

上之需要，似乎比較游牧生活遺俗之說更爲合理。古人自述遷都
理由的只有《書‧盤庚》，記述殷王盤庚在遷殷前後對眾人的訓
詞。其中對遷徙的理由並沒有很清楚的說明，只是頻頻的述說這
是"自古已然"的一種習俗：

> 先王有服，恪謹天命，玆猶不常寧，不常厥邑，于今五
> 邦。
> 嗚呼，古我前後，罔不惟民之承保，后胥慼；鮮以不浮
> 于天時。殷降大虐，先王不懷，厥攸作，視民利用遷。
> ……予若籲懷玆新邑，亦惟汝故，以丕從厥志。今予將
> 試以汝遷，安定厥邦。
> 失于政，陳于玆，高后丕乃崇降罪疾，曰曷虐朕我!
> 古我先王，將多于前功，適于山。用降我凶，德嘉績于
> 朕邦。今我民用蕩析離居，罔有定極。……肆上帝將復
> 我高祖之德，亂越我家。朕及篤敬，恭承民命，用永地
> 于新邑。

其中的口氣顯然與游牧生活無關，而指稱歷史上的若干政治事
件，用爲遷都的根據。所以用政治的因素來解釋三代都城的遷
徙，似乎是比較合理的。[31]

　　用這個眼光來看三代王都的遷徙，我們可以提出一個新的說
法，卽王都遷徙的一個重要目的——假如不是主要目的——便是
對三代歷史上的主要政治資本亦卽銅礦與錫礦的追求。要解釋這
個說法須話說兩頭：其一是古代華北銅礦錫礦的分布，其二是靑

---

(31) 見黎虎，〈殷都屢遷原因試探〉，《北京師範大學學報》1982(4)，頁42-55。

銅之所以爲三代主要政治資本的原因。

　　安陽殷墟出土的銅器雖多，其銅錫礦的來源卻還沒有經過科學的分析。石璋如曾根據古代的地方志與近代礦業地誌查出來了全國 124 縣有出銅的紀錄。其中位於中原的，山西有十二處，河南有七處，河北有四處，山東有三處。如以安陽爲中心，則在兩百公里之內的銅礦，山東有一處（濟南）、河南有三處（魯山、禹縣、登封），山西有七處（垣曲、聞喜、夏縣、絳縣、曲沃、翼城、太原）。

> 據此則殷代銅礦砂之來源，可以不必在長江流域去找，
> 甚至不必過黃河以南，由濟源而垣曲，而絳縣，而聞喜，
> 在這中條山脈中。銅礦的蘊藏比較豐富，胡厚宣〈殷代
> 舌方考〉（《甲骨學商史論叢初集》）認爲舌方卽今之
> 陝北。……如果舌可能爲礦的話，則挖礦的叫舌，舌方
> 卽礦方，卽晉南一帶。……舌方並非單指某地，是指出
> 銅礦的一帶而言。舌方應該貢礦，出礦不來貢是應當討
> 伐的，所以卜辭有出不出、來不來的記載。武丁是殷
> 代鑄銅最盛的時期，所以要維護銅礦的來源不惜大動兵
> 力，或三千、或五千，甚至王自親征。從地域與征伐來
> 觀察，討伐舌方，實際上等於銅礦資源的戰爭。[32]

雖然這個說法中有若干點是難以令人同意的（如舌方爲礦方，在晉南），但把銅礦與征伐相接連起來看是很有見地的。晉南除了銅礦以外還有華北最爲豐富的鹽礦，在中國古代的確是一個富有

---

(32)　石璋如：〈殷代的鑄銅工藝〉，《中央研究院歷史語言研究所集刊》 26
　　　（1955），頁102-3。

戰略性資源的地區。從這個觀點把三代都看進去，則三代中第一
個朝代夏代之崛起於晉南，第二個朝代商代之自東徂西，及第三
個朝代周代之自西往東的發展趨勢，就都很快的顯露出來嶄新的
意義。圖四將石璋如所找出來的出銅礦（圓點）與出錫礦（菱
形）的縣份註出，看看它們與三代都城分布的關係。這些出銅錫
礦的地點集中在華北大平原的邊緣的山地，而以豫北、晉南爲中
心。這些礦產都較稀薄，以三代取銅礦量之大，每個礦產地可能
維持賡續出礦的時間可能相當有限。丁文江在《中國礦業紀要》
中云：“中國銅礦分布甚廣而開採亦最古，然觀其歷史，銅業之
中心，東漢爲豫浙……，在唐爲晉鄂，在宋爲閩贛，在明清爲川
滇，一地之興，殆無過三百年者。”[33]我們可以了解在三代期
間需礦量甚大，而礦源較少，需隨時尋求新礦。把三代都城畫在
圖四上後我們可以很清楚的看出，夏代都城的分布區與銅錫礦的
分布幾乎完全吻合。商代都城則沿山東河南山地邊緣逶巡遷徙。
從採礦的角度來說，也可以說是便於採礦，也便於爲採礦而從事
的爭戰。周代的都城則自西向東一線移來，固然可以說是逐鹿中
原所需，也可以說是爲接近礦源而然，因爲陝西境內銅錫礦源都
較稀少。

　　說三代都城之遷徙與追逐礦源有密切關係的另一個著眼點，
是青銅器在三代政治鬥爭上的中心地位。對三代王室而言，青銅
器不是在宮廷中的奢侈品、點綴品，而是政治權利鬥爭上的必要
手段。沒有青銅器，三代的朝廷就打不到天下；沒有銅錫礦，三

---

(33)　《中國礦業紀要》第一號（1921），頁41。

代的朝廷就沒有青銅器。三代都城制度的特徵，不能不從這個角度來加以嚴謹的考慮。

　　了解古代青銅器的政治意義，我們不妨從商周青銅器上的動物紋樣的討論入手。 在晚近的一篇論文裏[34]， 我曾提出來商周藝術中的動物紋樣實際上是商周藝術所有者通天的工具。其中詳細的論證， 在此不宜重複，但其主要者在以下的數條：

　　（一）先秦文獻本身包括這種說法的資料，但因言簡意賅，常常為人所忽略。 如《國語‧楚語》 講古代之巫， 以通天地為業，而其用具中即包括"犧牲之物"與"彝器"在內。《左傳》宣公三年說夏代"鑄鼎象物，……用能協於上下，以承天休"。這都將青銅器與其上面動物花紋的意義說明了。

　　（二）古書中又常描寫通民神的巫師在他通天工作上常得動物之助， 而這種動物常採取"兩龍"的形式。 《山海經‧大荒西經》講到上天取九辯九歌的夏后開， "珥兩青蛇，乘兩龍"。《山海經》中還描寫了四方的使者，即句芒、蓐收、祝融、和禺疆，也都"乘兩龍"。這一類的例子很多，還可以向上追溯到卜辭裏的"帝史鳳"。

　　（三）現代許多原始民族中的所謂薩滿，便常以各種動物為通天地的助手； 這是研究原始宗教的人所熟知的， 不必多所舉例。關於召喚動物的具體方式，《道藏》裏面所收的若干道家經典，可能還保存著古代社會遺留下來的一些巫師的法術。一個很顯著的例子，是《太上登真三矯靈應經》， 其中詳述召喚龍矯、

　　────────────

　　[34] 〈商周青銅器上的動物紋樣〉，《考古與文物》1981(2)，頁53-67。

虎矯、與鹿矯的方法；以召喚虎矯之法爲例：

> 凡用虎矯者，先當齋戒七日，於庚寅日夜半子時立壇，
> 下方上圓，地方一丈二尺，天圓三尺，用灰爲界。道上
> 安燈七盞、香一爐、鹿脯七分、白茅草一握。安排了
> 當，然後焚香告祝：某處姓名甲弟子性好清虛入道，今
> 告玉帝，願賜風巖猛虎一隻與弟子乘騎，奉道濟度生
> 靈。然後將玉帝印一道合於口內後，念咒曰：庚辛妙機
> 風虎將，三天敕命及吾乘，急急如玉帝律令敕！咒畢清
> 心守一，屏除外事，鼻息綿綿，心思注想白虎一隻從西
> 而來到壇上，想之用手摩之頂門，四十九息遠之。至夜
> 一依前法爲之。滿六十日足，自有虎一隻來於胯下，更
> 不用別物持之，天賜全然，自然成就，不覺身輕離地百
> 餘丈，忽得驚怖。遊太空及遊洞天福地，精怪外道不敢
> 相干，到處自有神祇來朝現。若用之三年，身自得乘，
> 風動如敗葉，令與道合眞也，與正然合一也。

這段遺經最早不能早於六朝，但所代表之觀念與《左傳》宣公三
年講鑄鼎象物一段如出一轍，其關鍵便在以龍、虎、鹿爲朝現神
祇的手段，“用能協於上下，以承天休”。從這個觀點來看，古
代以動物紋樣爲主的藝術實在是通天階級的一個必要的政治手
段，它在政治權力之獲得與鞏固上所起的作用，是可以與戰車、
戈戟、刑法等等統治工具相比的。這一點可以從環繞著爲商周藝
術核心的青銅器的九鼎傳說上看得最爲清楚。古代王朝之佔有九
鼎便是通天手段獨佔的象徵。

　　關於九鼎的神話傳說在古籍中屢有出現，其中時代較早而且

也爲人所熟知的有兩條。其一是上面已略引了的《左傳》宣公三年的一段；其全文是：

> 楚子伐陸渾之戎遂至於雒，觀兵於周疆。定王使王孫滿勞楚子。楚子問鼎之大小輕重焉。對曰：在德不在鼎。昔夏之方有德也，遠方圖物，貢金九牧，鑄鼎象物，百物而爲之備，使民知神姦。故民入川澤山林，不逢不若，螭魅罔兩，莫能逢之，用能協於上下，以承天休。桀有昏德，鼎遷於商，載祀六百。商紂暴虐，鼎遷於周。德之休明雖小重也；其姦回昏亂，雖大輕也。天祚明德，有所底止。成王定鼎於郟鄏，卜世三十，卜年七百，天所命也。周德雖衰，天命未改，鼎之輕重，未可問也。

另外一段關於九鼎的傳統說見《墨子·耕柱》：

> 昔者夏后開使蜚廉折金於山川而陶鑄之於昆吾，是使翁難雉乙卜於白若之龜曰：鼎成三足而方，不炊而自烹，不舉而自臧，不遷而自行，以祭於昆吾之虛，上鄉。乙又言兆之由，曰饗矣，逄逄白雲，一南一北，一西一東。九鼎既成，遷於三國。夏后氏失之，殷人受之，殷人失之，周人受之。

這兩段文字，從本文所採取的觀點來分析，把政治、宗教、和藝術在中國古代社會中密切結合的方式，很清楚的點破了。"其一，《左傳》宣三講遠方圖物，貢金九牧，鑄鼎象物……用能協於上下以承天休這幾句話是直接講青銅彝器上面的動物形的花紋的。各方的方國人民將當地特殊的物畫成圖像，然後鑄在鼎上，正是說各地特殊的通天動物，都供王朝的服役，以協於上下，以承天休。換言之，王帝不但掌握各地方國的自然資源，而且掌握各地方國的通天工具，就好像掌握著最多最有力的兵器一樣，是掌有大勢大力的象徵。其二，《左傳》裏的貢金九牧與《墨子》裏的折金於山川，正是講到對各地自然資源裏面的銅礦錫礦的掌握。鑄鼎象物是通天工具的製作，那麼對鑄鼎原料即銅錫礦的掌握也便是從基本上對通天工具的掌握。所以九鼎不但是通天權力的象徵，而且是製作通天工具的原料與技術的獨佔的象徵。其三，九鼎的傳說，自夏朝開始，亦即自中國歷史上第一個王朝開始，也是十分恰當的。王權的政治權力來自對九鼎的象徵性的獨佔，也就是來自對中國古代藝術的獨佔。所以改朝換代之際，不但有政治權力的轉移，而且有中國古代藝術品精華的轉移。《逸周書》講武王伐紂之後，不但乃命南宮百達史佚遷九鼎三巫（〈克殷〉解）而且得舊寶玉萬四千，佩玉億有八萬（〈世俘〉解）。《左傳》記周公封伯禽於魯，分"以大路，大旂，夏后氏之璜，封父之繁弱"等等不一而足。九鼎只不過是古代藝術的尖端而已。"[35]。

　　這樣看來，中國古代的青銅器是統治者的必要工具，而銅錫礦不免乃是三代各國逐鹿的重要對象。三代都城分布與銅錫礦分布的相似，顯然不是偶然的現象而是有因果關係的。

　　上文所敍述和討論的都邑制度代表著一種有特徵性的古代政府制度，同時在社會進化史上看是一種中國古代文明與中國青銅

---

　　[35]　張光直：〈中國古代藝術與政治〉，《新亞學術集刊》IV(1983)，頁34-35。

時代所特有的現象。如果夏商周三國或說夏商周三代都邑制度都
是如此的，那麼三代都制對三代文化社會異同問題便是相當重要
的意義，所以在本文的結尾在這方面特別討論一下。

　　關於夏商周三代文化異同的問題，中國古史學者之間有不同
的意見。這中間意見之分歧，可以從兩個方面來看。其一是縱的
自夏到商自商到周之間的變化除了朝代的興替之外有無重大的制
度上的變革。其二是從橫的看三代之間是否來源於不同的文化或
民族。這兩種方面之間雖然也有相互的關係，但是彼此各自獨立
的。

　　中國歷史上一直很有勢力的一種看法，是將中國文化特質的
很大的一部分歸功於周公的創造。此說之集大成者，可以王國維
爲代表。他在《殷周制度論》裏說"中國政治與文化之變革莫劇
於殷周之際"。其變革之中心在周之有德，"殷周之興亡乃有德
與無德之興亡"，"欲知周公之聖，與周之所以王，必於是乎觀
之矣"。周人有德之政治基礎，其大異於商者：

> 一曰立子立嫡之制，由是而生宗法及喪服之制，並由是
> 而有封建子弟之制，君天子臣諸侯之制。二曰廟數之
> 制，同姓不婚之制。此數者，皆周之所以綱紀天下，其
> 旨則在納上下於道德，而合天子諸侯卿大夫庶民以成一
> 道德之團體。周公制作之本意，實在於此。[36]

且不談此說具體上的是非，這種傳統儒家的看法，是把夏商周的
發展史看作一線的，其間殷周之異同乃是"中國政治與文化"之

---

(36)　《觀堂集林》（中華書局版，1959），頁453-454。

內的變革。另外從橫的看三代異同，則涉及分類學上的問題，卽對 "文化" 或 "民族" 當作什麼樣的定義，在這個定義之下看三代是同文化同民族還是異文化異民族。如丁山自民族史的立場，說夏后氏是 "中原固有之民族"，殷人是 "東北民族燕亳山戎之類"，而周人則是 "西北民族戎狄之類"[37]。最近 Pulleyblank 分析中國古代民族語言，主張夏是古漢語族，商與南亞（偏吉蔑）語系關係特別密切，而周之先世是藏緬語族。[38] 如果夏商周三代之間的差異是這一類的，那麼他們之間的文化應該代表歧異的歷史經驗與彼此之間基本性的差距，而有很大的不同。例如現代的漢語族有漢人，現在的偏吉蔑語族有柬埔寨人，現代的藏緬語族有緬甸人。這三個民族之間的衣食住行，風俗習慣，制度信仰都有相當 顯著的差異。 夏商周三者之間 的差異是這一類的嗎？

　　傳世文獻中存留下來了一些東周時代及其以後的儒家對三代或四代（三代加上虞）的比較；如《論語‧八佾》：

　　哀公問社於宰我，宰我對曰：夏后氏以松、殷人以柏，

　　周人以栗。

這種分別只能說是大同之下的小異，因為三代都有社祭，都用木表，只是所用木材有異。假如是不同的民族，則可能有的祭社，有的不祭社，或祭社的方式有根本上的不同。又如：《孟子‧滕

(37)　〈由三代都邑論其民族文化〉，《中央研究院歷史語言研究所集刊》5(1935)，頁89-129。

(38)　E.G. Pulleyblank, "The Chinese and Their Neighbors in Prehistoric and Early Historic Times," in: David Keightley, ed., The Origins of Chinese Civilization (The University of California Press, 1983), pp. 411-466.

文公》：

　　　夏曰校、殷曰序、周曰庠，學則三代共之。

這句話本身便強調了三代之間的類似。此外，《禮記》各章有不
少三代或四代文化的比較；如〈檀弓〉：

　　　夏后氏尚黑，大事斂用昏，戎事乘驪，牲用玄。殷人尚

　　　白，大事斂用日中，戎事乘翰，牲用白。周人尚赤，大

　　　事斂用日出，戎事乘騵，牲用騂。

〈祭義〉：

　　　郊之祭，大報天而主日，配以月。夏后氏祭其闇，殷人

　　　祭其陽，周人祭日以朝及闇。

〈明堂位〉：

　　　有虞氏祭首，夏后氏祭心，殷祭肝，周祭肺。夏后氏尚

　　　明水，殷尚醴，周尚酒。

這一類的比較還可以列舉很多，我們很自然的可下的結論是：“
綜觀三代文化，固有異同之處，未踰損益相因；尋其本則一脈相
承，未嘗有焉變。”[39] 事實上，《禮記》裏面所記三代習俗大
不同者亦有，如〈檀弓〉：

　　　有虞氏瓦棺，夏后氏墍周，殷人棺槨，周人置牆翣。

是四代葬俗迥異。但自目前所見的考古材料看來，夏（以二里頭
文化爲代表）商周三代的上層人物的埋葬都以棺槨爲主。由此看
來，《禮記》這一類文獻中所記述的三代文化的比較的可靠到何
程度，還是有疑問的。

────────────

　　(39) 嚴一萍：〈夏商周文化異同考〉，《大陸雜誌特刊》一(1952)，頁394。

事實上，三代都有考古遺物，從考古遺物上比較三代文化應
該說是最爲具體的了。 在這上面晚 近有鄒衡所作比 較詳盡的研
究。鄒氏的結論說夏與商本來是 "屬於不同的文化體系"，而先
周文化與晚商也是 "屬於完全不同的文化"[40]。 依鄒氏所比較
的實例，果然夏商之間與商周之間的確在石陶骨器，在青銅器上
有同處也有不同處。同到什麼程度便屬於同一文化，不同到什麼
程度便屬於不同的文化？ 這還是下定義的問題。例如鄒衡所指出
來的夏商 文化之間的差異， 如： 商文化漳河 型的陶器都是平底
的，而夏文化二里頭類型的陶器多是圜底的；夏文化中的禮器以
觚爵盉的結合爲特徵，而 "早商文化" （即鄭州商城文化）以觚
爵斝的結合爲特徵。這些區別，都是很重要的，但是這一類的區
別能不能證明三代的民族是不同的 "民族" 呢？從考古學上當如
何辨別 "民族" 的不同？ 很顯然的， 從大處看與從小處看，所得
的結果是不一樣的。

從大處看，夏商周三代文化在物質上的表現，其基本特點是
一致的：

（一）三代考古遺物所顯示的衣食住一類的基本生活方式都
是一樣的。三者都以農耕爲主要生業，以粟黍爲主要作物，以猪
狗牛羊爲家畜；衣料所知的有麻絲； 在建築上都是茅茨土堦，以
夯土爲城牆與房基。房基的構造都是長方或方形的，背北朝南。

（二）三代貴族都以土葬爲主要埋葬方式，屍體的放置以仰
身直肢爲常，墓坑都是長方形或方形豎穴墓，都有棺槨。這種共

(40)　《夏商周文化考古學論文集》 （文物出版社，1982），頁141–331。

同的埋葬方式表現共同的宗教信仰，尤其是對死後世界的信仰。
三代也都有骨卜，表現藉占卜溝通生死的習慣。

　　（三）在器物上看三代文化雖有小異，實屬大同。陶器皆以
灰色印紋陶爲特徵， 器形以三足和 圈足爲特徵。 常見的類型如
鼎、鬲、甗等表示相似的烹飪方式。銅器中皆以飲食器爲主，表
示在祭祀上飲食的重要。酒器中都有觚爵一類成套的器物。

　　從物質遺跡上看來，三代的文化是相近的：縱然不是同一民
族，至少是同一類的民族。再從本文所討論的都制來看，三代的
政府形式與統治力量的來源也是相似的。全世界古代許多地方有
靑銅時代，但只有中國三代的靑銅器在溝通天地上，在支持政治
力量上有這種獨特的形式。全世界古代文明中，政治、宗教和美
術都是分不開的，但只有在中國三代的文明中這三者的結合是透
過了靑銅器與動物紋樣美術的力量的。從這個角度來看，三代都
是有獨特性的中國古代文明的組成部分，其間的差異，在文化、
民族的區分上的重要性是次要的。

商代的巫與巫術*

五十多年以前陳夢家先生在《燕京學報》第20期(1936)裏所發表的一篇叫做〈商代的神話與巫術〉的文章，利用了卜辭與傳世文獻中的各種資料，討論了在商代文化的研究上的一個關鍵題目，在當時是很富有影響力的一篇作品。關於這個題目的研究，在這五十年以來，還沒有看到有人接著再作系統性的討論過。在這篇文章裏面，我想把自陳先生以來所產生的新材料與新看法初步的綜合一下，看看今天在這個問題上，是否可以有若干新的結論。我個人雖然沒有見過陳先生的機會，卻多少年來一直對他淵博的學問，創造性的見解，與大刀濶斧從事研究的魄力，感到十分的傾倒。我在這個題目上的研究，還在進行之中，在這篇小文章裏只能提出一些初步的看法，也算是對陳先生〈商代的神話與巫術〉一文出版五十餘年和他逝世二十餘年的一點紀念。[1]

---

* "中國殷商文化討論會"，1987年安陽舉行，論文集出版中。

[1] 關於中國古代巫術的一般研究，主要的可舉：瞿兌之：〈釋巫〉，《燕京學報》7 (1930)，頁1327-1345；許地山：《道教史》（上海商務印書館，1934），上冊，頁161-182；藤野岩友：《巫系文學論》（東京大學書房，1951）；加藤常賢：〈巫祝考〉，《東京支那學報》1(1955)頁2-48；Chan Ping-leung (陳炳良)，*Ch'u Tz'u and Shamanism in Ancient China* (Ph. D. thesis, Ohio State University, 1972)；David Hawkes (trans.)，*The Songs of the South* (Penguin Classics, 1985)；Rémi Mathieu, "Chamanes et Chamanisme en Chine ancienne", *L'Homme* 27(1987), pp. 10-34.

一、商代的巫

巫在商代王室中有重要地位，是商史上公認的事實，但商代
巫師的有關資料，還需要有系統性的加以搜集。這些資料包括
有關巫師巫術的文字上的紀錄，和可能在巫術上使用或扮重要角
色的法器的考古遺物。這些資料中其意義比較明確的下面一一舉
述。至於文字上的紀錄，甲骨文和金文中有若干殷商時代當代
的紀錄，但多數的現有的紀錄都是傳世文獻裏面的，如《詩》、
《書》、《三傳》和《史記》等裏面所保存的。保存巫師巫術資
料最多的文獻史料，常常是春秋戰國時代楚國遺存下來的，如
《楚辭》、〈楚語〉等。楚與殷商文化的關係特別密切，有不少學
者相信楚文化是殷商文化的一脈相傳[2]。固然楚史不能做研究商
巫的直接史料，可是用楚的資料來幫助復原殷商史，是可以有做
旁證的作用的。

關於商代的巫與巫術的一般性質，《國語·楚語》下面這一
段詳細描述可能有很大的啟示意義:

　　　　古者民神不雜。民之精爽不携貳者，而又能齊肅衷正，
　　　　其智能上下比義，其聖能光遠宣朗，其明能光照之，其
　　　　聰能聽徹之，如是則明神降之，在男曰覡，在女曰巫。
　　　　是使制神之處位次主，而爲之牲器時服，而後使先聖之

---

(2)　傅斯年:〈新獲卜辭寫本後記跋〉，《安陽發掘報告》2(1930)，頁349-370;
　　陳旭:〈商楚文化關係的檢討〉，《楚文化研究論文集》(中州書畫社，
　　1983)，頁107-123。

後之有光烈，而能知山川之號，高祖之主、宗廟之事、
昭穆之世、齊敬之勤、禮節之宜、威信之則、容貌之
崇、忠信之質、禋絜之服、而敬恭明神者，以爲之祝。
使名姓之後，能知四時之生、犧牲之物、玉帛之類、采
服之儀、彝器之量、次主之度、屏攝之位、壇場之所、
上下之神、氏姓之出，而心率舊典者爲之宗。於是乎，
有天地神民類物之官，是謂五官，各司其序，不相亂
也。民是以能有忠信，神是以能有明德，民神異業，敬
而不瀆，故神降之嘉生、民以物享，禍災不至，求用不
匱。

照這一段文字的描寫，在楚昭王時代（公元前 515-489）由楚國
的專家所追述的古代宗教祭儀制度包含下述幾個特點：(1)宗教儀
式行爲的兩方面是“民”和“神”；(2)民的中間有生具異稟者
（先聖之後和名姓之後）稱爲巫覡，他們的作用是“明神降之”，
也就是說神“降”於巫覡；(3)降神依儀式而行，儀式的主要成分
是“以物享”，即以動物犧牲供奉於神；(4)巫覡之中有分工，大
致而言，其中主持儀式形式的稱爲祝，管理儀式行爲的稱爲宗。
這一套春秋末年在楚國追述的制度有多少可以適用於殷商？照下
文的分析，這一套巫術制度基本上在殷商時代是存在的，而且殷
商的巫術制度比之還要繁褥些。

　　殷商時代不但有巫，而且巫師在當時的社會裏占有很崇高的
地位。史籍中有名的商巫有巫咸、巫賢、巫彭。〈殷本紀〉裏說
“伊陟贊言於巫咸，巫咸治王家有成”，並說“帝祖乙立，殷復
興，巫賢任職”。王逸《楚辭註》：“彭、咸，殷賢大夫。”這

三個在史籍中屢次出現的殷巫中，彭、咸"其名並見於卜辭。彭
之世次莫考，疑與大乙同時，咸當大戊之世"。[3] 卜辭和金文中都
有巫字，作田。一般解釋這個字，多自《說文》出發："巫、祝
也，女，能事無形以舞降神者也，象人兩褎舞形，與工同意。"
李孝定云，"惟巫字何以作田，亦殊難索解，疑當時巫者所用道
具之形，然亦無由加以證明，亦惟不知蓋闕耳"。[4] 字形所象道具
爲何？周法高引張日昇云："竊疑字象布策爲筮之形，乃筮之本
字……筮爲巫之道具猶規矩之於工匠，故云與工同意"。[5] 實際
上我們不如更直接的說巫師以"工"爲象徵形的道具。（圖三）
《說文》："工、巧飾也，象人有規矩也，與巫同意"。又巨下
云："規巨也，從工象手持之"。許愼似是知道巫字本義的，所
以工巫互解，而工卽矩。矩是木匠用來畫方畫圓的工具。爲什麼
古代的巫以矩爲基本道具呢？[6]

　　這個問題的答案在《周髀算經》。這本書一般相信是漢代定
筆的，但其中所包含的內容較早，可能早到孔子時代，卽公元前
六世紀的後期，與《楚語》所代表的時代相近[7]。這本書中有一
段講矩：

　　　　請問數安從出？商高曰：數之法出於圓方。圓出於方，

(3)　嚴一萍：《殷契徵醫》（1951年臺北油印本），頁2。
(4)　〈甲骨文字集釋〉，〈中央研究院歷史語言研究所集刊〉50(1970年再版)，
　　　頁1598。
(5)　《金文詁林》（香港中文大學出版社，1975），頁2893。
(6)　下述亞、工、矩三者之間關係，以及《周髀算經》在這上面的意義，都是臺
　　　北故宮博物院袁德星（楚戈）先生的看法。
(7)　Joseph Needham（李約瑟），*Science and Civilization in China*, vol. 3
　　　(1959), p. 20 (Cambridge Univ. Press); P. Y. Ho（何丙郁）, *Li,
　　　Qi, and Shu* (Hong Kong Univ. Press, 1985), p. 59.

方出於矩。……

請問用矩之道。商高曰：平矩以正繩，偃矩以望高，覆
矩以測深，臥矩以知遠，環矩以爲圓，合矩以爲方。方
屬地，圓屬天，天圓地方。……是故知地者智，知天者
聖。智出於句，句出於矩。

如果這幾句話代表古代的數學思想，那麼矩便是掌握天地的象徵
工具。矩可以用來畫方，也可以用來畫圓，用這工具的人，便是
知天知地的人。巫便是知天知地又是能通天通地的專家；所以用
矩的專家正是巫師。矩的形狀，已不得而知，但如果金文的巨字
（圖五）是個象形字，那麼古代的矩便是工形，用工字形的矩適可
以環之以爲圓， 合之以爲方。 （東漢墓葬中壁 畫常有伏羲、 女
媧，有的一持規，一持矩，規作圓規形，畫圓，矩作曲尺形，畫
方，這可能表示規矩在漢代以後的分化，而《周髀算經》時代圓
方都是工字形的矩所畫的）。如果這個解釋能夠成立，那麼商周
時代的巫便是數學家，也就是當時最重要的知識份子，能知天知
地，是智者也是聖者。（巫之爲數學家，又見《山海經·海外東
經》：“帝命豎亥……豎亥右手把算〔籌〕，左手指青丘北。”）

　　既然巫是智者聖者，巫便應當是有通天通地本事的統治者的
通稱。巫咸、巫賢、巫彭固然是巫，殷商王室的人可能都是巫，
或至少都有巫的本事。陳夢家說： “由巫而史，而爲王者的行政
官吏；王者自己雖爲政治領袖,同時仍爲羣巫之長。”[8]李宗侗亦
云： “君及官吏皆出自巫。”[9]商代第一個王商湯爲了求雨親自

---

(8)　上引〈商代的神話與巫術〉，頁535。
(9)　《中國古代社會史》（臺北：中華出版事業委員會，1954），頁118-119。

"齋戒剪髮斷爪,以己為牲,禱於桑林之社"（《太平御覽》卷83
引《帝王世紀》）。伊尹的兒子伊陟為帝太戊解釋祥桑一暮大拱
的意義，而武丁相傳說為武丁解釋雉鳥飛於鼎耳，這都是巫師一
類人物的本事。[10] 可能商代專職的巫才稱巫， 而王室官吏雖有
巫的本事，卻不稱巫。

　　商代的巫師在中國古代可能是巫中之佼佼者。春秋戰國文獻
中有關巫的材料很多，可見周人也用巫師；《周禮·春官·大宗
伯、小宗伯》所記王廷官吏中屬於巫師一類人物都有系統化的記
載，可以為證。但巫的本事和巫在社會上的地位，在商代似乎遠
較周代為高。《禮記·表記》說: "夏道尊命，事鬼敬神而遠之。
……殷人尊神，率民以事神，先鬼而後禮。……周人尊禮尚施，
事鬼敬神而遠之。" 在夏商周三代之中，殷人似乎是與鬼神打交
道打得最多的。 對周人來說， 殷人的巫師才是巫師中的高手。
《尚書·洪範》記載周武王十三年（克殷後二年）武王訪於箕子，
箕子教他 "彝倫攸敍"，其中便包括著 "稽疑"，即卜筮之道，
和 "庶徵"，即解釋天象徵兆，便都是巫師的專長。周人何嘗不
是卜筮的專家，還要請教箕子，可見箕子在周武王眼中的崇高地
位。周原H31.2號甲骨有一段講箕子的事:

　　唯衣雞子來降， 其執暨厥吏在𠃌，爾卜曰南宮辭其乍?
　　[11] （圖六）

────────────

(10) 陳炳良:《新唐書》載吉爾吉斯語稱巫為廿,建議殷相甘盤亦為巫；見Chan
　　 Ping-leung上引書，頁37–78。

(11) 陳全方:〈陝西岐山鳳雛村西周甲骨文概論〉,《四川大學學報叢刊》第十
　　 輯 (1982),頁320。

其中"衣"或釋爲衣祭之衣 [12]，但多數學者釋爲殷，衣雞子卽
殷箕子[13]。 "雞子來降"的降字，釋者或以爲投降之降 [14]，但
卜辭中的降字一般意思是神降或降神之降；後者與《左傳》（莊
32）"有神降於莘"和《離騷》"攝提貞于孟陬兮，唯庚寅吾以
降"中的降字同義[15]。《周禮·春官·司巫》： "凡喪事， 掌
巫降之禮"； 鄭注"巫下神之禮"。周原甲文"唯衣雞子來降"
就是說殷的箕子來舉行降神儀式。箕子以專家的姿態到周來舉行
降神儀式，周王占卜如何加以接待，這與《洪範》中武王向箕子
請教的精神是相符合的。如唐蘭所說，商代重視巫師，而到了周
代已較不重視，在《周禮》裏面司巫列爲中士，屬於太祝。西周
銅器銘文中 講巫的很少， 可是史墻盤 裏提到巫保， "授天子綰
命"。史墻的祖先也是殷的遺民，是自微氏遷到周地的史官，這
一點也是值得注意的[16]。

　　如果商湯、伊陟、傅說、箕子等王室宮廷中的貴人也都具備
巫師的本事，他們也就和巫咸、巫賢、巫彭等人一樣也都是巫。
上面說過，商代的巫可能有專業兼業之分，但是不是照〈楚語〉
那樣分爲祝和宗則在已有的材料中難作清楚的分辨。《左傳》定
公四年記周公封他的兒子伯禽於少皞之虛的時候，分給他的商遺

---

(12) 王宇信：《西周甲骨探論》，（新華書局，1984），頁232。

(13) 徐中舒：〈周原甲骨初論〉，《四川大學學報叢刊》第十輯，(1982),頁 9 。
徐錫臺（〈周原出土卜辭選釋〉，載《出土文獻研究》〔文物出版社1985〕
頁65）釋爲箕子卽疵子。

(14) 上引陳全方（註(11)），頁320；王宇信（註(12)）頁232。

(15) 彭仲鐸：〈屈原爲巫考〉，《學藝》14(1935)，第九期，頁 1 。

(16) 唐蘭： 〈略論西周微史家族窖藏銅器羣的重要意義〉，《文物》1978(3),頁
81。

民中有"祝宗卜史"。商卜辭中祝宗卜史四種名稱是齊全的，其中祝[17]和卜[18]這兩種職稱的研究更爲精細。

二、 巫的職務與技術

上文說到卜辭金文的巫字可能象徵兩個矩，而用矩作巫的象徵是因爲矩是畫方畫圓的基本工具，而由此可見巫的職務是通天（圓)地（方）的。古代神巫以通天地或是貫通方圓爲主要職務可以以玉器中的琮爲最明顯最尖銳的一個象徵[19]。 玉琮最流行的時代與文化是公元前兩千到三千年的東海岸的良渚文化。商殷文化的意識形態與統治機構的主 流似乎是從東海岸來的[20]，這又是說明殷代巫術盛行的一個因素。與東海岸關係很是密切的一個古代帝王顓頊，也就是〈楚語〉裏面解釋"絕地天通"時所說的開始獨占巫術的古帝王。徐炳昶對顓頊與中國古代巫術史的關係有很精闢的見解：

> 帝顓頊特別重要是因爲他在宗教進化方面有特別重大的
> 作用。《大戴禮記‧五帝德篇》……說他……"依鬼神
> 以制義"……明指他是鬼神的代表，就是說他是大巫，
> 他是宗教主了。……不唯如是，帝顓頊主要的事蹟是命
> 重黎"絕地天通"。……

---

(17)　王恒餘：〈說祝〉，《中央研究院歷史語言研究所集刊》32 (1961)，頁 99-118。

(18)　饒宗頤：《殷代貞卜人物通考》（香港大學出版社，1959）。

(19)　張光直：〈談琮及其在中國古史上的意義〉，《文物與考古論集》（文物出版社），頁252-260。

(20)　張光直：《中國青銅時代》（三聯，1983），頁75。

帝顓頊生當原始公社的末期，……"民神雜糅，不可方
物；夫人作享，家爲巫史"。……人人祭神，家家有
巫史，是原始公社末期,巫術流行時候的普通情形。……
"地天"可以相通,在當日人的精神裏面,是一種非常具
體的事實，絕不只是一種抽象的觀念。龔自珍說："人
之初，天下通，人上通；旦上天，夕上天，天與人，旦
有語，夕有語。"也是因爲他看出"家爲巫史"時代的
情形。……

帝顓頊出來，快刀斬亂蔴，使少昊氏的大巫重爲南正，
"司天以屬神"。……旣只有他同帝顓頊才管得天上的
事情,把羣神的命令會集起來,傳達下來。……又使"火
正黎司地以屬民"，就是說使他管理地上的羣巫，……
把宗教的事業變成了限於少數人的事業，這也是一種進
步的現象。[21]

如果用帝顓頊代表中國古史上的一個演進階段的話，他所代表的
階段應當是階級社會開始成形的龍山文化時代。到了殷商時代,
巫師與王室的結合已趨完備。巫師主要的職務應當還是貫通天
地，但天地的貫通是只有王室才有獨占的權利的，所以巫術也
和城郭、戰車、刑具等一樣是統治階級統治的工具。上面這幾點
可說是公認的，但接下去要問兩個具體的問題，卻沒有現成的答
案：(1)巫師通天地工作能達到什麼具體的任務？(2)爲了達到這些
任務他們採取什麼樣的具體的手段？

---

(21) 徐炳昶：《中國古史的傳說時代》（北京：科學出版社，1960)，頁76-84。

　　上面已經說過 "降" 的意義，也就是說巫師能舉行儀式請神
自上界下降，降下來把信息、指示交與下界，這在《楚辭·九歌》
裏有生動的描寫。卜辭裏面的降字，左面從阜，示山陵，右面是
足迹，自上向下走來[22]。（圖七右）這個字的使用在卜辭中有兩種
方式。第一種是以降爲及物動詞，下面緊接著個名詞，如禍、
齒、莫、敁、疒、彶等，都是各種災難詞；降禍卽上界降禍於下
界。第二種用法是以降字爲不及物動詞，常說爲 "帝降" 或 "其
降"，下面不跟著一個災禍之字。這種情形當指降神之降，卽在
人神溝通的意義上，神在巫師的邀請或召喚之下自上界以山爲梯
而走降下來，屬於後一類使用法的卜辭有下面這幾條例子：

　　　　□□卜敵貞：我其祀賓，乍帝降，若？

　　　　□□□敵貞：我勿祀賓，乍帝降，不若？　（《粹》1113）

解釋這一條卜辭的意義不妨參照另外幾條：

　　　　辛卯卜敵貞：祀賓若？　（《粹》1115）

　　　　辛卯□□貞：我祀賓若？　（《粹》1114）

　　　　辛卯卜敵貞：我勿祀賓不若？　（《佚》1119）

由 "勿" 和 "不" 兩個字的位置來看，"祀賓" 是一個辭，
"若" 是另一個辭，似乎是兩種儀式，舉行了這種儀式可以造成
"帝降"。若然則 "賓" 和 "若" 在商代的巫術上都有基本的重
要性。賓字一般解釋爲儐祭之儐，卽祭鬼神[23]。郭沫若謂 "𡧧乃
小篆宭字所從出。說文：宭，冥合也"[24]。冥合適有人鬼相會

　　(22)　李孝定：上引《甲骨文字集釋》，頁4139-4140。
　　(23)　李孝定：上引《甲骨文字集釋》，頁2143-2153。
　　(24)　《卜辭通纂》，頁15-16。

之義，與卜辭賓字用法是一致的。若字卜辭金文象人跪或立舉雙
手，而髮分三綹，其義一般從羅振玉說，"象人舉手而跽足，乃
象諾時巽順之狀，……故若字訓爲順。"葉玉森云若字並象一人
跽而理髮使順狀(25)。 但爲什麼巽順的人有挺拔搖盪的長髮則不
可解。依東周銅器花紋中儀式人像的形象看來，"若"字不如說
是像一個人跪或站在地上兩手上搖，頭戴飾物亦劇烈搖盪，是舉
行儀式狀 (圖八)。換言之，若亦是一種巫師所作之祭。金文古典
籍中的"王若曰"這個成語，也可能與此有關(26)。賓、若這兩
個字還須進一步的分析研究。

　　與"降"相對的是"陟"。卜辭金文的陟字 (圖七左) 左面仍
是山丘，右面的足迹則是自下向上走的。巫師舉行的儀式，除了
降神的以外有 沒有陟神的， 即使巫師 到上界去與 神祖相會的?
《楚辭·天問》："啟棘賓商、九辯九歌"；《山海經·大荒西
經》也說："夏后開，開上三嬪于天，得九辯與九歌以下。"是
楚國相信古代有陟神的儀式。至於楚國本身的巫師駕車遠遊的行
動，《楚辭》中到處都有。《離騷》這一段說得再清楚不過了：

　　　正駟玉虬以桀鷖兮，溘埃風余上征；

　　　朝發軔於蒼梧兮，夕余至乎縣圃；

　　　欲少留此靈瑣兮，日忽忽其將暮；

　　　吾令羲和弭節兮，望崦嵫而勿迫；

　　　路曼曼其脩遠兮，吾將上下而求索。

---

(25)　李孝定：上引《甲骨文字集釋》，頁2051~2057。
(26)　關於"王若曰"，參見董作賓：〈王若曰古義〉，《說文月刊》，4 (1944)，
　　　頁327-333；陳夢家：〈王若曰考〉，《說文月刊》 4(1944)，頁335-340。

楚巫陟天的形象，便是 1973 年在楚國境內出土的"人物御龍帛畫"。畫龍作舟形，"似是在沖風揚波，這應與古代人想像的神仙世界有一定的關係。古代傳說的神仙多在海中，因此求仙登天，必須經過滄海"。[27]

　　商代有沒有像楚國這樣的陟神儀式？卜辭有陟字，並與降字相聯："貞：降陟？十二月"（後下十一、十四）單出時，陟字顯作動詞用，當是祭名。有時與帝同出："茲陟帝"、"陟帝用"；陟帝意蓋指上去見帝。史籍中的一位殷巫伊陟名陟，應當不是巧合，扶風莊白出土癲鐘甲組銘文有 "大神其陟降"[28]的詞樣，把這兩個字在上下溝通意義之下的使用可以確定。這個用法也見《詩·大雅·文王》的"文王陟降，在帝左右"。大神可以陟降，巫中之文王也可以陟降。

三、 巫師通神的工具和手段

　　上文說明巫師的主要職務是貫通天地，卽上天見神，或使神降地。下面緊接著來的一個問題是他們是如何達到這項目的的？換言之，他們使用什麼工具和手段來從事陟降的工作？從文獻和考古資料看來，我們所能看到的，有下述各種。

㈠山

　　巫師之通過高山而進入神界，在《山海經》裏面保存的材料

(27)　《長沙楚墓帛畫》（文物出版社，1973年），"說明"。

(28)　〈陝西扶風莊白一號西周青銅器窖藏發掘簡報〉，《文物》 1978(3)， 頁7。

最多。首先，山常爲神之所居。〈西山經〉：“崑崙之山，是實唯帝之下都”；“玉山，是西王母所居也”；“長留之山，其神白帝少昊居之”。〈中次三經〉：“青要之山，實唯帝之密都”。〈海內西經十一〉：“海內崑崙之虛，在西北，帝之下都，……百神之所在。”與這個觀念相關的，是以山爲登天的階梯。〈海內西經第七〉：“巫咸國在女丑北……有登葆山，羣巫所從上下也。”〈大荒西經十六〉：“有靈山……十巫從此升降，百藥爰在。”〈海內經十八〉：“肇山，有人名曰柏高，柏高上下於此至於天。”從這些資料看來，毫無疑問的山是中國古代巫師的天梯或天柱。《山海經》成書年代不一，大致自西周到秦漢，而對其產生的地域則有不同的說法；有人主張它代表楚國的巫覡文化[29]。如果《山海經》裏面有關巫覡的資料，也像《楚辭》一樣代表楚國的文化，便又產生了它有多少程度可以反映殷商文化的問題。

　　山字本身在卜辭中出現甚多，一般都是祭祀的對象；卜辭中又常見“十山”、“五山”等詞，“似指當時所祭之山有一定的數次”。[30]山爲祭祀的對象，是以山爲神還是因爲山爲諸神所居？這在卜辭中還看不出來。卜辭中有王陟山的記載：“壬申卜：王陟山”？（《遺922》）這也許僅指王登山，不一定上山去陟帝。事實上卜辭中陟降兩字都從阜，意指足跡通過山阜而昇降，這已經很清楚的表現了山阜在殷商巫覡作業中的重要性。

(二)樹

　　以樹爲登天工具的記載，最明顯的是《淮南子》：“建木，

---

(29) 袁珂：〈山海經寫作的時地及篇目考〉，《中華文史論叢》第七輯 (1978)，頁147-171。

(30) 陳夢家：《殷墟卜辭綜述》（科學出版社，1956)，頁596。

在都廣，眾帝所自上下。"《山海經》中有"扶木"的記載，扶
木頂上並有鳥鳥棲息；〈大荒東經第十四〉："大荒之中有山名
曰孽搖、頵羝，上有扶木，柱三百里，其葉如芥。有谷曰溫源
谷，湯谷上有扶木，一曰方至，一曰方出，皆載於鳥"。這裏神
木及鳥棲之說，在東周銅器的裝飾美術中（圖九）[31] 和在漢代的
畫像石中 [32] 都是常見的。湯谷與扶木的傳說，又與扶桑的傳
說有關。《山海經·海外東經第九》："黑齒國……下有湯谷，
湯谷上有扶桑，十日所浴，在黑齒北，居水中有大木，九日居下
枝，一日居上枝。"

　　古代傳說中以桑為地名的成分是比較廣見的；普通常見的地
名有桑、扶桑、桑林、空桑、窮桑等等。傅斯年認為這都指一處地
名："曲阜一帶，即空桑之地。窮桑有窮，皆空桑一名之異稱。所
謂空桑者，在遠古是一個極重要的地方。少昊氏的大本營在這
裏，后羿立國在這裏，周公東征時的對象奄國在這裏，這些事都
明白指示空桑是個政治中心。五祀之三，勾芒、蓐收、玄冥起于
此地。……此地土著之伊尹，用其文化所賦之智謀，以事湯、遂
滅夏。此地土著之孔子憑借時勢，遂成儒宗。這些事都明白指示
空桑是個文化中心。古代東方宗教中心之太山，有虞氏及商人所
居之商丘，及商人之宗邑蒙亳，皆在空桑外環。這樣看，空桑顯
然是東平原區之第一重心，政治的及文化的"。[33]

　　此指空桑在政治上及文化上的重要性是不錯的，但把它當做

---

(31)　Charles D. Weber上引書，頁61。

(32)　李發林：《山東漢畫像石研究》（濟南：齊魯學社，1982），頁25。

(33)　〈夷夏東西說〉，《傅斯年先生集》(四)（香港龍門1969），頁94。

一個固定的地理位置則是不可靠的。《史記·周本紀》正義引
《帝王世紀》:"黃帝由窮桑登帝位後徙曲阜",可見窮桑與曲阜不
是一處。黃帝與窮桑的關係又見《路史前記》卷七: "軒轅氏作
于空桑之北。"蚩尤戰黃帝, "登九淖以伐空桑"(《初學記》
卷九引《歸藏》《路史後記》卷四)。〈天問〉云"焉得彼嵞山
女,而通之於臺桑,"可見夏禹的傳統也和桑有關。黃帝和夏禹
的傳統都與曲阜這個地點的關係不大。陳炳良搜集了許多資料,
主張桑林(空桑、窮桑)是殷商民族,以及古代若干其他民族,
祭祀祖先神明的聖地[34]。這個看法是比較可靠的。桑林之所以為
聖地,自然是因為它有通天的桑樹。《山海經·大荒南經》郭璞
注引《歸藏》: "空桑之蒼蒼,八極之既張,乃有夫羲和,是主日
月,"描寫了空桑這株大樹通到八極,羲和大概也是巫,藉此主日
月。所以巫師通神的儀式,有時是藉桑樹的神聖性質而進行的;
《離騷》描寫巫師遊行天界,到處經過桑樹,也是這個道理。古
籍中又見桑林這塊地方有樂舞,又是男女相會祭祀高禖的場所,
這也和"聖地"說法相符[35]。所以《淮南子》卷十九脩務說:
"湯旱,以身禱於桑山之林";湯這個大巫求雨祭便在桑林舉行、

㈢鳥

上面說到東周和漢代美術裏面的神樹頂上常有鳥棲。如果樹
幹是巫師通天的通道,那麼樹頂上棲息盤旋的飛鳥可以視作登天

(34) 〈中國古代神話新釋兩則〉,《清華學報》新七卷二期(1969),頁206-231;
      又見Sarah Allan, "Sons of suns: Myth and totemism in early
      China," *Bull. Sch. Or. & Af. St.* 44(1981). 290-326.

(35) 見陳夢家:〈高禖郊社祖廟通考〉,《清華學報》 12(1937),頁445-472。

階梯的延伸。中國古代有關鳥的傳說甚多[36]，多集中於東海岸，這種情形與考古學上所見龍山文化，良渚文化中常有以鳥爲美術造形的情況也是互相符合的[37]。 殷商文化中鳥的重要性由玉器中鳥的形象之多和複雜可見。尤仁德將商代玉鳥分爲三類： 野禽類，有燕、雀、鴬、臘咀、鷹、雁、長尾雉和鶪等；家禽類，有鷄、鴨、鵝、鳰、鸕、鴿、鸚鵡等；和神鳥，有鳳、人鳳合體、和龍鳳合體等[38]。 這些鳥的形象，不僅是爲裝飾而來的， 而至少有若干在商人通神儀式中起過作用。卜辭裏有這一類的字句：

于帝史鳳，二犬（《卜辭通纂》398）（圖十，左下）。

郭沫若曰： "蓋視鳳爲天帝之使，而祀之以二犬。"《荀子·解惑篇》引《詩》曰： "有鳳有凰、樂帝之心，蓋言鳳凰在帝之左右"。[39]又 "《殷虚小屯》文字丙編[40]有下條（圖十）：

翌癸卯，帝不令鳳? 貞： 翌癸卯，帝其令鳳?（丙117）

這條卜辭很是重要。 王占卜問帝令不令鳳， 鳳來不來? 很淸楚的，鳳是帝與王之間往來的使者。 卜辭中有四方風[41]，《山海經》中記述四方各有帝使： 東方句芒、西方蓐收、南方祝融、北方禺彊。四方使者之中至少有兩個與鳥有關： 卽東方句芒， "鳥

---

(36) 孫作雲：〈飛廉考：中國古代鳥氏族研究〉，《華北編輯館紀刊》第二卷，3.4 期(1943)；〈中國古代鳥氏族諸首長考〉，《中國學報》，第三卷，第三期，頁18-36，(1945)；〈説丹朱──中國古代鴶氏族之研究〉，《歷史與考古》，第一號，頁76-95，(1946)。

(37) 樋口隆康：〈商周銅器の鳥文試論〉，《泉屋博古館紀要》， 第一卷， 頁19-33，(1984)。

(38) 〈商代玉鳥與商代社會〉，《考古與文物》，1986(2)，頁51-60。

(39) 《卜辭通纂》（東京：1933），頁398。

(40) 採自高鳴謙一：〈殷墟文字丙編通检〉，《中央研究院歷史語言研究所》，(1985)，頁21。

(41) 陳邦懷：《殷代社會史料徵存》（天津：人民出版社，1959)，頁1-5。

身人面"，和北方禺疆，"人面鳥身"。很可能這四方使者與四
方風或四方鳳有密切關係。〈大荒東經〉中又說"有人曰王亥，
兩手操鳥。"卜辭中有鳥書，王亥的亥字常從鳥[42]。照本文材
料看，王亥也是大巫，兩手操鳥便是他的法器或通天工具。

㈣動物

各種野生家養的動物在殷商文化中的重要性是很顯然的，但
牠們在宗教上所扮演的角色主要在兩個方面上顯示出來。第一是
在祭儀上面殷人使用大批的牛、羊、犬、和豬作為供奉的犧牲
品。這在卜辭上和考古遺物中都看得很清楚。卜辭中卜問祭祀，
"每每用牲，多則數百，少則幾牢。……其牲或牛羊或犬豕。"
[43]卜辭中所提到的幾種牲物，在考古墓葬裏都有發現[44]。以
動物為犧牲而作祭，是應當屬於巫師職責範圍之內的，如〈楚
語〉所說祝管"牲器時服"，宗管"犧牲之物"。可是將這種動
物犧牲（用衁、埋、沈、等方式處理）的目的何在？是為祖先神
祇"大快朵頤"，還是藉死去動物的靈魂為通神的手段？對這個
問題在考古材料中 找不到答案，在卜辭的記錄中 也還看不到線
索。

動物在殷人宗教上第二個重要的顯示是當時美術造形中動物
形相的豐富。不論是什麼材料，是青銅、玉、漆、骨角、或木頭，

⑷　胡厚宣：〈甲骨文商族鳥圖騰的遺跡〉，《歷史論叢》第一輯，(1964)，頁
　　131-159。

⑷　金祥恒：〈殷商祭祀用牲之來源說〉，《中國文字》8(1962)，頁1。

⑷　石璋如：〈河南安陽小屯殷墓中的動物遺骸〉，《臺大文學哲學報》，5
　　(1953)，頁1-14。

殷商的器物如有紋飾十之九是動物形的 [45]。 器物上的動物形相
在殷人宗教上有何作用這個題目在《商周青銅器上的動物紋樣》
這篇文章裏已經作過比較詳盡的論證 [46]， 這裏便不再重複。從
殷商美術上看，人與動物的關係是密切的； 這種密切關係採取兩
種形式: 一是人與動物之間的轉形，一是人與動物之間的親暱夥
伴關係 (圖十一)。

關於人與動物之間的轉形，在中國古史傳說中最著的是夏王
與熊的轉化關係。《國語‧晉語》: "昔者鯀違帝命，殛之于羽
山，化爲黃熊，以入于羽淵"。《漢書‧武帝本紀》元封元年顏
注引《淮南子》: "禹治洪水，通轘轅山，化爲熊"。商王或商人與
動物轉化之說在文獻資料中不存，但藝術品中有其跡象。殷墟西
北崗1001號大墓出土的虎頭人身大理石像 [47] 和殷墟五號墓出土
的人形鳥尾玉像 [48] 都可以解釋爲轉形的象徵 (圖十一: 上左、上右)。

㈤占卜

古代中國占卜術有多種； 藤野岩友列舉了粟卜、 蟲卜、 鷄
卜、虎卜、鳥卜、樗蒲卜、十二棊卜、竹卜、牛骨卜、灼骨卜、
羊胛卜、鏡卜、 響卜等， 而以龜卜及易卜爲要 [49]。殷代占卜最
爲人所熟知的是龜卜和牛骨卜， 其程序已研究得非常清楚 [50]，

(45) Cheng Te-k'un, "Animal in prehistoric and Shang China," *BMFEA*
35(1936), pp. 128-139.
(46) 《考古與文物》1981(2)，頁53-68。
(47) 梁思永、高去尋:《侯家莊1001號大墓》，歷史語言研究所(1962)。
(48) 《殷墟婦好墓》 (文物出版社，1980)。
(49) 《亞系文學論》 (東京大學書房，1951)。
(50) 見D.N. Keightley, *Sources of Shang History*(Univ. of Cal. Press,
1978)

而近來學者又找到殷人筮卜的證據[51]。《世本·作篇》和《呂氏春秋·勿躬》都曰"巫咸作筮"。看來甲骨卜和筮卜都是殷代巫師通神的方式。

㈥儀式與法器

殷代巫師溝通上下的具體手段，顯然是一套套的儀式。卜辭裏面看得到的儀式名稱很多，有彡、蚩、叠、賓、勺、福、歲、御、匚、曹、帝、校、告、求、祝等等，其中最重要的有彡、翌、祭、蚩、叠五種："彡爲鼓樂之祀，翌爲舞羽之祀，祭則用肉，蚩則用食（黍稷），而叠則爲合祭。……五種祀典皆同時用酒致祭，樂、舞、酒、肉、黍稷俱備。"[52]這種對祭祀儀式形式的解釋，多自字面推斷，其詳細手續程序已不可考[53]。但在舉行儀式過程中有一項重要的手續，值得特別提出來的，便是血在儀式中的作用。如陳夢家所說的，"卜辭祓禳，尙注意及巫術中的巫術物，而以血（尤其犬、豕、羊家畜的血）爲最具有巫術能力的。祭祀與巫術在形式上無顯著之別，但從用牲一項上可以分別之：巫術之祭的用牲重其血，因血可以祓禳一切，祭祀用牲重其肉，因爲先祖可以享用它；巫術之祭用牲重于清潔，祭祀用牲重于豐盛。"[54]這裏強調血在殷代巫術上的重要性是值得注意的，但

---

(51) 管燮初：〈商周甲骨和青銅器上的卦爻辨識〉，《古文字研究》第六輯（1981），頁141-149。

(52) 董作賓：《殷曆譜》（歷史語言研究所，1945），上編，卷一，頁3。

(53) 關於殷商儀式形式，又見島邦男：《殷墟卜辭研究》（東京：汲古書院，1958），篇一章四"祭儀"；黃然偉：《殷禮考實》（臺灣大學文學院，1967）；許進雄：《殷卜辭中五種祭祀的研究》，同上（1968）。

(54) 〈商代的神話與巫術〉，頁573。

是所說巫術祭祀的分別，在原始資料中是看不出來的。

　　商代祭祀一般用血，可以從 "祭" 和 "彝" 兩個字的字形看得清楚（圖十二）。祭字《說文》云 "從手持肉"。"卜辭亦象以手持肉於示前，∴其涪汁也"。[55] 所謂涪汁，或可釋為滴血，實即肉上滴血之象形。彝字從手持鷄，鷄頭已被砍掉，頸中滴血。彝字為禮器通稱，可見殺鷄瀝血在古代儀式中的重要性。

　　從彝字的使用，使我們看到殷代青銅和其他質料的禮器實際上便是舉行巫術時所用的法器。由中國古代禮器種類之繁多和複雜，又可以想見各種祭祀儀式的繁縟。在各種祭祀時所用的禮器種類、大小、數目，想必有一定的規矩，所以〈楚語〉這裏說祝負責管理 "牲器時服"，宗要知道 "彝器之量"。商代青銅禮器這一大批豐富的資料，是研究商代巫術的最重要、最直接的一筆材料。

　　除了青銅彝器以外，商代巫術所用法器我們有明證可據的還有玉器。陳夢家云卜辭有 "□寅卜㷋（《下》25、15），象女以貝朋為頸飾立火上，疑即熒字，說文熒訓禳風雨旱屬，一曰禴使災不生。又有一字作㷋（《前》6、21、5）。亦象人胸佩飾立火上，或即赤之異文，蓋巫者有所佩飾之形，而佩玉貝有禦災之效用。"[56] 把玉放在火上，可能指明用火燒玉可以達到通天的效果。《史記・殷本紀》記武王伐紂，"紂兵敗，紂走入，登鹿臺，衣其寶玉衣，赴火而死。"《正義》引《周書》："紂取天智玉琰五，環身以自焚。"是殷人有以玉器環身赴火的儀式。這又令我們想起江蘇常

55　李孝定：《甲骨文字集釋》，頁0064。
56　〈商代的神話與巫術〉，頁566。

州寺墩良渚文化第三號墓的一個青年男子的墓葬："先于死者葬地的頭前和腳後舖上各十餘件玉壁，然後放火燃燒，等火將滅未滅時，將死者安放于葬地，再圍繞四周放置玉琮，並在頭前、腳後放置陶器和其他玉石器，而將最好的兩件玉壁擺在死者的胸腹之上，最後覆土掩埋。"[57]這豈不便是取玉器環身以焚的儀式麼？

玉製法器之中，琮這項器物對古代巫術最有象徵作用的了。自良渚文化 開始顯著流行的玉琮， 如上文所說， 是一種內圓外方、中間貫通，表面常飾有動物紋鳥紋的一種筒形玉器。以上文所指出天圓地方這個觀念在巫術作業上的意義來看，玉琮的形狀和花紋是巫師貫通天地的本事和作業的一種清楚的象徵，而這種器物更顯示了良渚文化與殷商文化之間的連續性。

㈦酒與藥物

酒在中國古代祭祀儀式中要扮演一個相當中心性的角色， 如《左傳》莊公22年所說的，"酒以成禮"。從殷墟卜辭看來，酒在殷代的祭儀中是常常使用的，這是屬於常識範圍，不必贅談。但是具體的說，酒的作用是什麼呢？大致看來，有兩種，與肉的情況相似。肉一方面似乎是供祖先享用的，一方面是通過獸血作為通神的工具或媒介的。酒也是一方面供祖先神祇享用，一方面也可能是供巫師飲用以幫助巫師達到通神的精神狀態的。

前一方面的用途比較容易了解和證明。《詩·小雅·楚茨》中說："工祝致告：組賚孝孫,苾芬孝祀,神嗜飲食，卜爾百福。

---

(57) 〈1982年江蘇常州武進寺墩遺址的發掘〉，《考古》，1984(2)，頁114。

……神嗜飲食，使君壽考。”卜辭裏面常在祭祀祖先以前詢問他
（們）是否願意接受計畫中要供奉的飲食，想必是希望祖先對所
供奉的酒食覺得滿意。

　　但另一方面酒也是作祭的人自己飲的。〈酒誥〉循循告誡康
叔，說周人不可像商人那樣嗜酒，但是同時又不斷的強調：你們
在祭祀的時候要喝，尤其殷商的遺民在祭祀時是要飲酒的：

　　　祀兹酒！

　　　越庶國飲，惟祀！

　　　又唯殷之迪諸臣、惟工，乃湎于酒，勿庸殺之，惟姑教
　　　之，有斯明享！

殷商諸臣、惟工之好飲是有名的，甚至帝王亦然。〈殷本紀〉：
“帝紂……好酒。……以酒爲池，縣肉爲林……爲長夜之飲。”
帝紂固有惡名，但聖王亦好酒；漢孔鮒《孔叢子》云：“昔有遺
諺：堯舜千鍾，孔子百觚，子路嗑嗑，尚飲百榼。古之賢聖，無
不能飲。”古代酒的酒精成分較低，但千鍾百觚這樣喝下來，應
該是可以喝醉的。祭祀時從事祭祀的人喝酒致醉，當與巫師作法
的本事有關。東漢《神農百草經》講大蔴有這一條：“麻蕡，味辛
平有毒，主五勞五傷，利五藏，下血寒氣，破積止痺散膿，多食
令見鬼狂走，久服通神明，輕身”。大蔴這一類藥物在世界上有
許多巫師服用，目的便是幫助巫師產生幻象，“見鬼狂走”，“
通神明”。它在中國歷史上能不能上推到殷商，沒有積極的證據
[58]。但殷商巫師之飲酒是不成問題的，酒喝多了也可能有利於幻

────────────

[58] 見李惠林刊於 *Economic Botany* 28(1974), pp. 293-301及437-448二文。

象之產生。殷代青銅器中酒器之數量和種類之多，其中包括盛酒器、溫酒器和飲酒器，表示酒在祭祀時是服用的，而且是重要的。

㈧飲食樂舞

上文指出商代藝術品實際上就是巫師的法器，它們的使用便集中在飲食舞樂上。巫師以歌舞飲宴爲手段而溝通人神，這是研究古代文藝者所熟知的，而《楚辭》便是在這上面做研究的最好的資料。《楚辭章句》：“昔楚南郢之邑，沅、湘之間，其俗信鬼而好祀，其祀必使巫覡作樂歌舞以娛神。蠻荊陋俗，詞既鄙俚，而其陽陰人鬼之間又或不能無褻慢淫荒之雜。”《說文》：“巫祝也，女能事無形，以舞降神者也”。楚漢的巫舞可以早到何時？商代的巫跳什麼舞？

殷商考古遺物中可以定爲樂器的很多，但關於殷代歌舞具體形式的資料是很稀罕的。古代最有名的巫舞，是夏啟舞九代。〈海外西經〉：“大樂之野，夏后啟于此舞九代。”夏后啟無疑爲巫，且善歌樂。〈大荒西經〉：“夏后開上三嬪于天，得九辯與九歌以下。”注引《竹書》：“夏后開舞九招也”。陳夢家說：“九代、九辯、九招皆樂舞也”[59]，又說九代卽隸舞；隸舞見于卜辭，常爲求雨而舞。商人亦以舞爲著；《墨子·非樂》：“先王之書，湯之官刑有之，曰：其恒舞于宮，是謂巫風”。《呂氏春秋·仲夏紀古樂》：“湯乃命伊尹作爲大護，歌養露，修九拓，六到，以見其舞。”卜辭中又常見“今田巫九備”之語，

---

[59]　〈商代的神話與巫衛〉，頁542。

各家注譯不一。于省吾云： "卽今用巫九搔也⋯⋯巫九搔猶言巫九舞。古者歌舞恒以九爲節，巫祝以歌舞爲其重要技能，所以降神致福也。" [60]

四、小結

關於本文題目的研究，還在進行之中，上面所提出來的又只是殘缺不全的資料，所以我們對商代巫術的特性只還有非常初步的若干認識。在這個小結裏不妨將它的特徵整理爲下面的幾點：

㈠商人的世界分爲上下兩層，卽生人的世界與神鬼的世界。這兩者之間可以互通：神鬼可以下降，巫師可以上陟。

㈡從商人占卜的頻繁和內容我們可以知道在商人的觀念中神鬼是有先知的；他們知道生人計畫中要作的行爲會有什麼樣的後果。生人對神鬼的這種智慧是力求獲得的。進一步的自然推論是掌握有這種智慧的人便有政治的權力。因此在商代巫政是密切結合的。

㈢神巫降陟不是任意可以發生的，而是巫術的結果，並需要若干本領和道具。巫的本領是怎樣來的，現有的材料中不明；可能巫是世襲的，但這一點還待進一步研討。巫師所用的一些道具和法器，有若干是知道的：山、樹、鳥、動物、占卜、儀式與法器、酒（與藥物）和飲食舞樂。在考古學上最要緊的是各種藝術品，亦卽有關法器的表現。既然巫政是密切結合的，法器的占有

---

(60)　《雙劍誃殷栔駢枝》（北京：虛雅堂，1940），頁29-30。

便是掌握政權的一個重要手段，也就是說藝術品的掌握便是政治
權力占有的象徵。

　　㈣從考古和美術研究的眼光來看，在殷商巫術系統之內，人
與動物之間的關係特別值得注意。代表這個關係的有兩個觀念，
一是人與動物可以彼此轉形，二是作爲巫師的親眤的夥伴的動物
便是巫師作法的助手。

談 "琮" 及其在中國古史上的意義*

　　"琮" 是中國古代經典裏面提到過的一種玉製器物。《周禮·大宗伯》："以玉作六器，以禮天地四方：以蒼璧禮天，以黃琮禮地……；"〈典瑞〉："駔圭璋璧琮琥璜之渠眉，疏璧琮以斂尸。"《考工記·玉人》"璧琮九寸，諸侯以享天子……璧琮八寸，以覜聘；駔琮五寸，宗后以為權；大琮十有二寸、射四寸、厚寸，是謂內鎮，宗后守之；駔琮七寸……天子以為權……瑑琮八寸，諸侯以享夫人。" 這裏面所說的 琮是什麼樣的器物呢？《說文》解琮曰："瑞玉，大八寸，似車釭。"《白虎通·文質篇》曰："圓中牙身方外曰琮。" 在古器物學上首次把琮這個名稱和實物合對起來的，是清末的吳大澂 (1835-1902)。他在《古玉圖考》(1889)裏面列舉了三十一件器物，稱之為"琮"、"大琮"（圖十三）、"黃琮"，和"組琮"。其中三十件所共有的特徵，是外面方裏面圓的柱形，好像方柱套在圓筒的外面，但圓筒較長，上下兩頭都露在方柱外面。圓筒內是空的，上下穿通。琮的外表，有的光素，有的有紋飾，後者作幾何形或幾何化

＊原載《文物與考古論集——文物出版社成立三十周年紀念》（北京：文物出版社，1986），頁252-260

的獸面形。這種短長不一、外方內圓的筒形玉器就是經典中的琮
的這個說法，今天講古玉器的人一般是沒有異議的。

　　傳世玉琮的時代一直不明。吳大澂用《周禮》、《說文》爲
琮定名，意指爲周漢時代器物。郭寶鈞在1949年綜合研究田野考
古發現的商周及史前的玉器時，未列玉琮。據他的推論，古代的
琮是"織機上提綜開交之物"，本是木製，傳世玉製品中之長大
者，是漢人之仿製[1]。美國的羅越 (Max Loehr)在 1975 年出版
的哈佛大學福格美術館所藏中國玉器圖錄中著錄了玉琮七件，其
中二件他斷代爲商，餘五件爲西周、西周晚期，或東周[2]，這是
把琮的年代提早到了商代。商代考古遺址出土的琮，以1976年婦
好墓出土的十四件爲著[3]。殷墟之前，則近年考古已將玉、石的
琮上溯到新石器時代。出土最多的是浙江北部和江蘇南部的良渚
文化， 而在山西龍山文化 的陶寺遺址、 安徽潛山薛 家崗文化遺
址，以及廣東曲江石峽遺址也有石、玉琮的發現。事實上， 良渚
文化中的玉琮在三十年代卽已出土，但其年代和文化層位則要等
到 1973 年吳縣草鞋山良渚文化地層發掘後才得確認[4]。由於這
些遺址的發掘，玉琮最早年代現在已可追溯到公元前 3000 年以
前。

　　琮的用途和功能，一直是古器物學上最大的難題之一。根據
《周禮》中的記載， "玉琮在祭器的範疇中，是祭地的禮器，在

⑴　〈古玉新詮〉，《中央研究院歷史語言所集刊》，第20卷(1949)下冊，頁42。

⑵　*Ancient Chinese Jades*, Fogg -Art Museum (Harvard University, 1975)

⑶　《殷墟婦好墓》（文物出版社，1980），頁115-116。

⑷　汪遵國：〈良渚文化"玉斂葬"述略〉，《文物》 1984(2)。

瑞器的範疇中，是女性貴族的權標。"[5]卽使《周禮》所記是正確的，它也適用於周漢之間，新石器時代與商周的玉琮的用途未必相同；而且我們還必須了解琮的形狀與它的用途之間的關係。照鄧淑蘋的撮述，近年有關玉琮諸家各有異說：

> 安克斯 (Erkes) 認爲琮乃象徵地母的女陰，並以其上觚紋近似坤卦。 高本漢 (Bernhard Karlgren) 以爲琮爲宗廟裡盛 "且" （男性生殖器象徵）的石函。吉斯拉 (Giesler)以爲琮爲家屋裡 "中霤" 卽烟筒的象徵，爲家庭中祭拜的對象。郭寶鈞認爲琮的前身爲木質，乃織機上持綜翻交者……那〔志良〕曾以爲琮爲方瑗的擴大。
> 林巳奈夫教授主張琮起源於手鐲。[6]

鄧氏自己的看法，則 "推測琮是在典禮中套於圓形木柱的上端，用作神祇或祖先的象徵。"[7]

　　究竟對這許多說法應當如何判斷？我們不妨將過去各種說法暫且拋開不論，而把有關玉琮的已知的事實現象拿出來客觀的檢討一下，並將這些現象在現在對中國古代文明發展史的知識的基礎之上，作一番比較全盤性，比較有機性的考察。我相信我們目前已有足夠的資料把 琮的意義得 到相當可靠 的闡明了。 闡明之後，我們可以很清楚地看出來玉琮在中國古史研究上有絕頂的重要性。

---

(5)　《中華五千年文物集刊·玉器篇·一》（臺北：士林，1985）頁186；參見周南泉：〈試論太湖地區新石器時代玉器〉，《考古與文物》1985(5)。
(6)　同(5)鄧淑蘋書，頁186。
(7)　同(5)鄧淑蘋書，頁163。

關於琮這種器物的事實現象，其顯而易見的有這幾點：(1)它們是外方內圓的；(2)它們是從中貫通的；(3)它們表面常常飾以動物面紋，也有有鳥紋的；(4)它們多用玉製，也有石製的；(5)它們出土在墓葬裏面。下面不妨就這幾項事實 將玉琮的 意義試加討論：

㈠把琮的圓方相套的形狀用"天圓地方"的觀念來解釋，由來已久。濱田耕作說，"琮在初始，或是一種有圓孔方柱形的實用品，以後偶然生出以內圓象天外方象地的解釋，終則確定它作為地的表號，乃在外方柱上雕刻易的四象、八卦，以加深其替象的意義。"[8]內圓象天外方象地這種解釋在琮的形象上說是很合理的，但後人受了《周禮》中"以蒼璧禮天、以黃琮禮地"之說的束縛， 只往"地方"一方面去捉摸。 如那志良提出的疑問："祭天的禮器，僅用象徵天圓的璧就够了，祭地的禮器，何必旣像'地方'，又像'天圓'呢？"[9]可是琮的實物的實際形象是兼含圓方的，而且琮的形狀最顯著也是最重要的特徵，是把方和圓相貫串起來，也就是把地和天相貫通起來。專從形狀上看我們可以說琮是天地貫通的象徵，也便是貫通天地的一項手段或法器。

中國古代的哲學自三代以前開始一直到戰國時代及其以後，顯然經歷了許多變化，包含許多學派。但研究中國思想史的學者承認中國古代宇宙觀有若干共同的基調[10]。 "天圓地方"便是

---

(8) 那志良、王循治譯：《有竹齋藏古玉譜》（臺灣中華書局，1971年），頁51。

(9) 那志良：《石器通釋》（香港開發公司，1964），上冊第一分冊，頁27。

(10) 杜維明：〈試談中國哲學中的三個基調〉，《中國哲學史研究》1981年 (1)，頁19-25； F. W. Mote, *Intellectual Foundations of China* (New York: A, A, Knopf, 1971.

這種共同基調的一個重要成分。甲骨文中的天字，常在人的頭上頂著一個圓圈或圓點，使人推想商代已有天圓之說。《易》曰"乾為天、為圓。"《楚辭·天問》："圜則九重，孰營度之？"周漢古籍中屢見"天道曰圓"這一類的詞句。地為四方，則卜辭中四土、四風等觀念更很清楚地表示出來，對此《周髀算經》裏有兩段很重要的文字[11]：

> 請問數安從出？商高曰：數之法出於圓方。圓出於方，方出於矩，矩出於九九八十一。故折矩以為句，廣三、股脩四、徑隅五。既方外外豐之一矩，環而共盤得成三四五，兩矩共長二十有五，是謂積矩。故禹之所以治天下者，以數之所生也。

> 請問用矩之道。商高曰：平矩以正繩，偃矩以望高，覆矩以測深，臥矩以知遠，環矩以為圓，合矩以為方。方屬地，圓屬天，天圓地方。方數為典，以方出圓，笠以寫天。天青黑、地黃赤，天數之為笠也，青黑為表，丹黃為里，以象天地之位。是故知地者智，知天者聖。智出於句，句出於矩。夫矩之於數，其裁判萬物惟所為耳。

第一段中講到圓方為萬數之本，而圓出於方。第二段中講到圓方均出於矩。使矩的專家，也就是能使用曲尺畫方畫圓的專家，便是能夠掌天握地的專家："知地者智，知天者聖"；能掌天握地的巫因此具備聖人的起碼資格。甲骨文中的巫字作珏，即兩個工字相套。《說文》："工、巧飾也，象人有規矩也，與巫同意。"

---

(11)　《周髀算經》的重要性，是經袁德星（楚戈）先生提示的，特此表示感謝。

金祥恆《續甲骨文編》[12]把甲骨文的巫字排在"巨"字下，引《說文》："規巨也，從工象手持之。"這都明確了指出巫與巨的關係，也就說明了甲骨文中巫字的來源，即巫是使矩的專家，能畫圓方，掌握天地。

㈡巫的本身首先能掌握方圓，更進一步也更重要的是能貫通天地。《國語‧楚語》解釋《周書‧呂刑》上帝"命重黎絕天地通"故事，詳述巫覡的本事和業務，是"神降之嘉生，民以物享"；民神之通亦即地天之通。顓頊命重黎絕地天通，於是天地之通成爲統治階級的特權[13]，而通天地的法器也便成爲統治階級的象徵。《周禮》說"黃琮禮地"，所以歷來談琮的人多忽略了琮兼具天地的特形。方器像地，圓器像天，琮兼圓方，正象徵天地的貫串。

㈢巫師通天地的工作，是受到動物的幫助的，所以作爲貫通天地的法器上面刻有動物的形象必不是偶然的。《左傳》定公三年："昔夏之方有德也，遠方圖物、貢金九牧、鑄鼎象物……用能協於上下以承天休，"便是明指禮器上的動物的功能是用來"協於上下"的。關於動物紋飾在古代禮器上的這項功能，另文已有詳論[14]，此處便不再重複了。前文引《太上登眞三嬌靈應經》，其中講龍虎鹿三嬌，能助修道之士"上天入地，穿山入水，"很可能代表這種遠古時代巫師與動物使者之間的關係。這套儀式的成分，有地方、天圓、白虎，而白虎是來幫助修道的人貫通天

⑿　臺北，中國東亞學術研究計劃委員會出版，卷五，頁4下，(1959)。

⒀　楊向奎：《中國古代社會與古代思想研究》（上海：人民出版社，1962），頁162~163。

⒁　〈商周青銅器上的動物紋樣〉，《考古與文物》1981(2)。

地之隔的，其中的觀念與儀式的內容都與玉琮的成分若合符節。

㈣玉琮用玉作原料， 很可能暗示玉在天 地溝通上 的特殊作用。玉在古代雖然在山水中都有發現，它與山的關係顯然是特別密切的。《山海經》索引中"玉"一共出現了一百三十七次，其中一百二十七次是與山相結合的，多指某某山多金玉，多玉，或其山之陽或其山之陰多玉[15]。 這一百二十七個山遍布東南西北山海諸經，可是我們知道中國海內外四方的山上不都是出玉的，所以玉與山在《山海經》中的結合，很可能只是表示玉在諸山中的使用，或以玉為山的象徵。按古代的山也是神巫溝通天地的通道。《山海經·海外西經》： "在登葆山，羣巫所從上下也"；〈大荒西經〉： "有靈山，巫咸〔等〕十巫從此升降。" 〈海內經〉： "有山名肇山，有人名曰柏高。柏高上下於此，至於天。"神山是神巫上下天地的階梯，則為山之象徵或為山石精髓的玉作為琮的原料當不是偶然的。

㈤在良渚文化的墓葬裏，玉琮屢有發現，其中較重要的有常州寺墩 3 號墓，吳縣草鞋山198 號墓和上海福泉山 6 號墓。玉琮在這幾個墓葬中出土的情況，是從考古學上看玉琮性質最好的資料。

(1)寺墩[16] 江蘇常州寺墩 兩個良渚文化的玉器墓葬係 1979年發現，1982年發掘的， 其中M3尤為重要 (圖十四)。 "該墓無墓坑，無葬具， 係掩土埋葬， 頭向196°， 為仰身直肢

⒂ 袁珂：《山海經校注》，上海古籍出版社（張明華編，《山海經 名物索引》，頁14-16）。

⒃ 〈1982年江蘇常州武進寺墩遺址的發掘〉，《考古》1984(2)。

葬。人骨架保存頭骨、肢骨殘塊和趾骨，股骨有明顯的火燒痕跡。骨架長約1.55米，……爲一年齡二十歲左右的青年男性。隨葬品有陶製生活用具、玉石製生產工具、玉製裝飾品、玉製禮器璧琮等，共一百多件。"玉製璧琮共五十七件，其中"玉琮三十三件，一件鐲式玉琮置頭部右上方，三十二件方柱形玉琮除置於頭部正前方的一件和腳後的四件外，都圍繞人骨架四周。値得注意的是：玉璧中一件碎爲數塊的達二十一件，而其中的十三件又有明顯的經火燒過的痕迹；玉琮中分爲兩截或兩半的僅五件，也有八件有明顯的經火燒過的痕迹。……上述這些現象，說明在葬地曾舉行某種斂葬的宗教儀式。其過程是：先於死者葬地的頭前和腳後鋪上各十餘件玉璧，然後放火燃燒，等火將滅未滅時，將死者安放於葬地，再圍繞四周放置玉琮，並在頭前腳後放置陶器和其他玉石器，而將最好的兩件玉璧擺在死者的胸腹之上，最後覆土掩埋。"三十三件玉琮除一件爲鐲式外，均爲方柱體圓管形，外方內圓，二頭一大一小，大頭在上，表面皆有獸面紋，以凸棱構成嘴、眼和鼻子（圖十五：1,4,5）。

(2)草鞋山[17]　吳縣草鞋山遺址早在1956年便已發現，但發掘工作是1972-1973年才進行的，共發掘出來墓葬二百零六座，另外有居住遺迹和十一個灰坑，分屬馬家浜、崧澤和良渚文化層。良渚層中M198的隨葬器物分爲三組，似

----

(17)　〈江蘇吳縣草鞋山遺址〉，《文物資料叢刊》3輯，1980。

屬於一個男性墓葬和附葬的兩個女性二次葬。第一組器物
屬於男性墓葬， 有玉琮三件， 似在頭部。 第二組屬於女
性，有玉琮一件。第三組亦屬於女性， 沒有玉琮。這是玉
琮在良渚文化遺址中最早發掘出土的一批。

(3)福泉山[18]　　上海青浦福泉山良渚文化墓M6是1982年發掘
的， 未見墓坑， 可能有葬具， 人骨頭向正南， 似爲仰身直
肢。 "墓內隨葬器物豐富……胸部右側有……小玉琮二件
……右臂骨……旁有玉琮一件……右下肢骨……右側堆放
……玉琮二件。"五件玉琮分爲兩種。三件短筒形，上大
下小， 內圓外方。 "琮面以減地法凸出四塊方座，並以四
角爲中線各刻一組獸面紋， 上端有兩組凸起的橫棱，四角
各有一只飛鳥。" (圖十五) 另二件爲長筒形小琮， 也有凸
起的獸面紋。

　　從這幾個墓葬的出土情形看， 玉琮是一種不一定有固定位置
並且可以持佩的禮器。它們像後代的銅器一樣在埋葬時作爲葬儀
的一個成分，同時也必有象徵的意義。草鞋山遺址良渚墓葬的報
告者說， "玉璧、玉琮是祭祀天地的禮器，占有這些禮器的人，
應掌握有特殊的權力"。[19] 這個結論是與出土情況相符合的。結
合上述有關玉琮本身性質諸特徵來看， 我們很清楚地看到在良渚
文化社會中有有權力有財富的人物， 使用獸面紋 (圖十五)、內圓
外方的玉琮， 亦即使用貫通天地的法器， 作爲他們具有權力的象
徵。從太湖區域新石器時代文化的發展看來， 自馬家浜時代開始

---

(18)　〈上海福泉山良渚文化墓葬〉，《文物》1984(2)。
(19)　《文物資料叢刊》3輯，頁12。

玉器便普遍出現，但玉琮的出現則要等到良渚文化時代。良渚文
化以及與良渚文化同時的各地的龍山文化，是中國古代文明發展
到有特權人物出現的時代。這時代普遍有了財富分化、生產分
工、戰爭掠殺的考古證據。玉琮在良渚文化以及在其他龍山類型
文化中的出現 [20]，在時代上說不是偶然的現象而是與社會發展
階段有密切關係的。寺墩 3 號墓所埋葬的青年男子很可能便是良
渚文化中的一個巫師，同時也是有政治權力的一個領袖。

由玉琮所見的良渚文化的巫術成分以及巫術與政治的結合，
並不是良渚文化和同時的龍山文化所特有的。其若干部分在時代
上可以向上追溯，也可以向下看它進一步的發展。薩滿式的巫
術，卽巫師借動物的助力溝通天地、溝通民神、溝通生死，在人
類歷史上源流久長，從考古學上所看到的證據至少可以追溯到舊
石器時代的晚期。中國新石器時代中，北方仰韶文化的彩陶上
有若干與巫術有關的圖像 (圖十六)。半坡遺址出土的彩陶盆上常
見的帶魚形的人面 (圖十六：左)，很早便有巫師形像的說法 [21]，
《山海經》中所描寫的巫師常常"珥兩青蛇"，令人想到半坡巫師
"珥兩魚"的可能性。甘肅半山彩陶中安特生氏曾報告過一個
"愛克斯光式"或"骨骼式"的人像 (圖十六：中) [22]，而且青海柳

(20)　其中最重要的是山西襄汾陶寺墓地出土的石琮和玉琮，見〈山西襄汾縣陶寺
　　　遺址發掘簡報〉，《考古》1980(1)。〈1978-1980年山西襄汾陶寺墓地發掘
　　　簡報〉，《考古》1983(1)。

(21)　張光直：〈中國遠古時代儀式生活上的若干資料〉，《中央研究院民族學研
　　　究所集刊》9，(1960)，頁253-270。

(22)　J. G. Andersson, "Researches into the prehistory of the Chinese",
　　　Bulletin of the Museum of Far Eastern Antiquities, 15(1943),
　　　PL. 182: 1

灣馬廠期的彩陶中有一個兼具陰陽性器的浮塑人 像 的 陶 甕 [23]
（圖十六：右）。 根據現代民族裏面薩滿教和薩滿藝術的研究，我們
知道所謂愛克斯光式繪製人獸的方式和 "陰陽人" 的形象，都是
薩滿式美術中廣見的母題[24]。 從這些證據看來， 巫術在仰韶文
化中當是盛行的。同時， 在南方的河姆渡文化遺址裏，有不少刻
有鳥形圖案與鳥形形象的象牙和骨製的美術品發現，這顯然是良
渚文化玉琮上面的鳥的前身。以鳥爲天地之間來往的媒介，在殷
墟卜辭中 "帝史鳳" 這種說法上已有明證，而且在中國東海岸的
古代神話中， 鳥要占有特別顯著的地位 [25]。《左傳》 昭公十七
年， "郯子云: 我高祖少皞摯之立也， 鳳鳥適至， 故紀於鳥，爲
鳥師而鳥名。"《山海經》記四方有使者爲天帝與人間交往的媒
介，卽東方句芒、西方蓐收、南方祝融、北方禺彊；其中東方句
芒是 "鳥身人面"。這都明顯地表示著殷代與東方的密切關係，
也指出良渚文化在中國古代歷史文明形成上的重要性。總之， 從
良渚的玉琮向上向下看，都看得出來中國新石器時代的巫術流播
是普遍的， 長遠的。 新石器時代的晚期， 中國社會劇烈分化，
而作爲這種分化的一個明顯的線索的巫術與政治的結合，就表現
在這個時代的美術上面。
　　王權、巫術、與美術的密切聯繫是中國古代文明發展上的一

⒇　《青海柳灣》（北京：文物出版社，1984），頁116。

⒇　見 Joseph Campbell， *The Way of the Animal Powers* (Vol. 1 of
　　Historical Atlas of World Mythology)，A. van der Warck edition，
　　1983，pp 131-133, 142.

⒇　孫作雲：〈飛廉考〉，《華北國立編輯館館刊》 2卷3期，6/1-6/29, 4期，
　　7/1-7/22，1943，〈中國古代鳥氏族諸酋長考〉，《中國學報》 3卷3期，
　　1945年，頁18-36。

項重要特徵，也是中國文明形成的一個主要基礎。關於這一點我
在另外幾篇文章裏已有比較詳細的討論 [26]。 如今新的考古材料
指明在東海岸的良渚文化中， 作爲這種巫術與王權結合的最早的
美術象徵 的玉琮， 特別發達， 這就表示出良渚文化， 或甚至於
整個東海岸的史前文化在中國歷史早期三代文化發展上的基礎意
義。三十年前，凌純聲在〈中國古代海洋文化與亞洲地中海〉一
文裏，指出"中國文化是多元的，文化的形成是累積的，最下或
最古的基層文化，可說是發生和成長於亞洲地中海沿岸的海洋文
化。" 這種海洋文化， "中國古史稱之爲夷（義卽爲海） 的文
化，……其民族北曰貊，南曰蠻或越。……來自……黃土高原的大
陸文化，其民族爲華夏，東來與海洋文化接觸之後，經二千多年
的融合，形成了中原文化，現在由考古學上能確定的殷商文化可
爲代表。殷墟出土的古物，有珠貝，金玉，有文身的石雕人像，
有車馬，雖未發現舟楫，然出土海產蚌貝和龜版之多，其必使用
舟楫無疑。如以殷商文化的成份，作一分析的研究，其基層必爲
海洋文化"。 [27]

　　這個見解， 從今天新的考 古材料看來， 的確有很大的啟發
性。 殷代出土的"金玉"中的玉琮， 基本上便是東海岸的文化
成份。到了殷商時代玉琮雖仍流行，已顯然遠不如良渚文化時代
的輝煌，因爲它溝通天地與權力象徵兩大作用到了殷商時代已由
"九鼎"卽青銅禮器所取代了，它上面的獸面紋也多消失了。由

---

(26)　《中國青銅時代》（三聯書店，1983）；〈中國古代藝術與政治〉，《新亞
　　　學術集刊》（藝術專號）， 4(1983)，頁29-35。
(27)　《海外雜誌》3卷10期，1954年，頁7-10。

此看來，如把中國新石器時代和三代文化發展劃成一條直線則可以分成幾個清楚的段落，卽：(1)石器時代，代表原始社會、階級未萌的階段；(2)玉琮時代，代表巫政結合，產生特權階級的時代，亦卽《國語・楚語》所說帝顓頊令重黎二神絕地天通的時代；(3)青銅時代，代表巫政結合進一步發展產生國家、城市、文明階段；(4)鐵器時代，代表工商業城市發達、農業技術躍進的時代。這個分法使我們想起大家都已知道的晉代袁康的《越絕書》所記風胡子的古史分期：

> 風胡子對曰：時各有使然。軒轅神農赫胥之時，以石為兵，斷樹木為宮室，死而龍臧，夫神聖主使然。至黃帝之時，以玉為兵，以伐樹木為宮室、斷地，夫玉亦神物也，又遇聖主使然，死而龍臧。禹穴之時，以銅為兵，以斷伊闕、通龍門，決江導河，東注於東海，天下通平，治為宮室，豈非聖主之力哉。當此之時，作鐵兵，威服三軍，天下聞之，莫敢不服，此亦鐵兵之神，大王有聖德。

風胡子這個分期法，知之已久，但它在歷史現實中有多大的基礎，是現在才能看得出來的。這段話有兩點值得注意。其一是把古史分為石、玉、銅、鐵四個階段，大致相當於傳統古史中的三皇（軒轅、神農、赫胥）、五帝（黃帝）、三代（禹）和東周四個階段。第二點是將這四個階段的進展變化與政治力量相結合。這兩點都很正確地將中國古代文明演進的經過的本質變化撮要出來了。西方考古學講石器時代、銅器時代、鐵器時代，比起中國來中間缺一個玉器時代，這是因為玉器在西方沒有在中國那樣的

重要。玉器時代在中國正好代表從石器到銅器的轉變，亦即從原
始社會到國家城市社會中間的轉變階段，而這種轉變在中國社會
史上有它自己的特徵。玉琮在中國古代文明史和社會進化史上的
重要性在此。

說殷代的"亞形"*

　　中國古代青銅器上的所謂"圖形文字"裏面有亞字[1]　（圖十
七），宋以來稱爲亞形。它有時單獨存在，有時與其他的"族徽"
相結合，有時作爲整個銘文的外框。對這個字形最早的解釋見
於北宋的《博古圖》（十二世紀初）。《博古圖》卷一"商亞虎
父丁鼎"下云："銘四字，亞形內著虎象。凡如此者皆爲亞室，
而亞室者，廟室也。廟之有室，如左氏所謂宗祐，而杜預以謂宗
廟中藏主石室是也。"就是把亞形當做古代宗廟或廟室建築牆垣
四周平面圖形，這個說法，可以說是宋以來說亞形意義的主流
[2]。但近代學者中有不少對這個解釋不能滿意的，這是因爲一方
面殷代考古學迄今沒有挖出來一個平面做亞形的房屋建築遺蹟，
另一方面自殷墟甲骨文發現以後，卜辭中屢見"多亞"與"多

＊原載《慶祝高去尋先生八十歲論文集》，臺北正中書局，1990年。

(1)　郭沫若：〈殷彝中圖形文字之一解〉，《殷周青銅銘文研究》，（上海：大
　　　通，1931）。

(2)　周法高等編：《金文詁林》（香港中文大學出版社，1974），頁7845-7865；張
　　　光遠："Late Shang dynasty bronze seals", *National Palace Museum
　　　Bulletin* XXIII (1988), pp. 1-36, 推測亞形代表大室北壁上放置祖示的框
　　　架。

馬、亞"等詞[3]，　難用廟室解說。於是有的學者參考《書·酒
誥》："惟亞惟服"，和《詩·載芟》："侯亞侯馬"等古代文
獻中有亞字的詞句，轉而主張金文與卜辭中的亞字與亞形乃是指
稱殷人身分的：有的以為指爵稱[4]，有的以為指武官職稱[5]，有
的以為指"一種特殊身分的標記"[6]，還有的說是"有關祭祀之
職稱之標記"。[7]

　　學界中關於亞形意見不一的另一點是亞形的年代。一度有人
相信凡有亞形的金文都是殷代的[8]，但現在知道這個字形到了西
周初期是還在繼續使用的[9]，（圖十七右的亞形顯然是西周的，而且是不能
用殷遺民來解釋的。）在這篇小文裏面，我們則只討論殷代的亞形。
我們討論所得的結論是應該一樣適用於西周的，但這裏針對的是
殷代的問題。

　　假如亞形只是殷金文裏面的一個圖形文字，對它的正確解
釋，恐怕也和一般金文中所謂族徽一樣，是很難下斷語的。但是
自從1928年起河南安陽殷墟發掘以後，亞形的研究就入了一個新

---

(3)　島邦男：《殷墟卜辭綜類》（東京：汲古書院，修訂版1971），頁416。

(4)　丁山：《甲骨文所見氏族及其制度》（北京：科學出版社，1956）

(5)　陳夢家：《殷墟卜辭綜述》（北京：科學出版社，1956），頁508–511；曹
　　　定雲：〈亞其考〉，《文物集刊》2（1980），頁143–150；〈亞弜、亞啓者〉
　　　載胡厚宣編：《甲骨文與殷商史》（上海：古籍出版社，1983），頁191–21
　　　3。

(6)　王獻唐：《黃縣㠱器》（濟南：山東人民出版社，1960），頁88。

(7)　白川靜說，引自周法高等編《金文詁林補》（中央研究院歷史語言研究所專
　　　刊77，1982年），頁4116–4120。

(8)　王獻唐：《黃縣㠱器》，頁84；B. Karlgren, "Yin and Chou in
　　　Chinese Bronzes," *Bulletin of the Museum of Far Eastern Anti
　　　quities* 8(1936), p.21。

(9)　曹淑琴、殷瑋璋：〈亞矣銅器及其相關問題〉，《中國考古研究——夏鼐先
　　　生考古五十年紀念論文集》（北京：文物出版社，1986），頁191–199。

的境界。殷墟出土的大墓的墓坑與坑裏面的木室有平面圖作亞形
的。對這種現象最初做詳細討論的便是高曉梅（去尋）先生。照
高先生在1969年的綜合整理[10]，殷墟一共出了十二座殷代大墓，
包括後岡大墓一座、西北岡西區大墓七座、東區四座（包括1950
年發掘的武官村大墓）。這十二座大墓裏面，有五座有亞字形的
木室，卽⑴後岡大墓、⑵西北岡西區1001號大墓（圖十八）、⑶西
區1003號大墓、⑷西區1004號大墓、⑸西區1500號大墓。在這五
座有亞形木室的大墓中，只有兩座（1001和1500）有相應的亞形
墓坑（但1500號大墓墓口是方形的，只有底形才是亞字形的）。
另外東區 1400 號大墓的墓坑也是亞形的，但是木室的形狀因爲
破壞得太厲害了，不能清楚辨認，但很可能也是亞形的。如果把
1400 號墓算進去， 那麼殷墟的大墓中可能 有半數是有亞形木室
的。

> 平面作亞形的木室……何以不避困難之增加，工料之多
> 費而造成如此形制之木室，這很清楚的表示出它有一定
> 的涵義，非如此不可。……不容懷疑的它應該是當時喪
> 禮的一種制度建築。這種喪禮制度的建築可能是象徵著
> 當時貴族社會的一種禮制建築，而非一般的住處。這種
> 貴族社會的禮制建築根據後世的記載，它是祭祀祖先的
> 地方， 也是祭祀上帝和頒布政令， 舉行重要典禮的處
> 所。它的名稱， 較早的說法是夏后氏稱之爲世室（卽大
> 室）， 殷人稱之爲重屋， 周人稱之爲明堂， 我們現在稱

⑽　高去尋：〈殷代大墓的木室及其涵義之推測〉，《中央研究院歷史語言研究
　　所集刊》39(1969)，頁175-188。

　　它爲古代的宗廟明堂建築。[11]

至於爲什麼這種古代宗廟明堂的象徵性的建築平面作亞形，高先生則指出王國維在〈明堂寢廟通考〉（《觀堂集林》卷三）中所擬定的明堂宗廟平面圖都作十形，即四合院式的布局，外圍也做亞字形，與《藝文類聚》引《三禮圖》所載明堂"周制五室，東爲木室，南火，西金，北水，土在其中"相近，也與西周金文中有大室，一廟有四宮等資料相符合。高先生以殷墟大墓木室爲宗廟明堂建築之象徵的說法，是不可易的。在他這篇文章出現以後，又有一些新的資料與新的研究可以把他的說法進一步的加強。我在這裏便想把這些新的資料與研究提出來爲高文續貂。從這些材料看來，王國維對宗廟明堂的復原圖未必是解釋亞形的唯一根據，甚至未必是解釋亞形的最好的根據。

　　在高先生的文章裏面，他還引用了1956-57 年在漢長安城南發掘的一個漢代禮制建築（原報告者稱爲明堂或辟雍），它的平面也做亞形。高先生推測這個漢代禮制建築作亞形，就反映了古代明堂也作亞形，因爲"漢代去古不遠，對古代明堂形制，還多少有些了解。"除了這個禮制建築以外，漢代還有其他與天地之象有關的器物也與本題有關。這中間最顯著的是漢代的日晷（圖十九，左）。"這個日晷只有一面有刻度。圍繞著小孔或中心點有兩個圓圈，畫得很精確。圓圈的三分之二劃分爲大小相等的小格，每一小格占圓圈的百分之一。各幅射線與外層圓圈相截的點是一連串的小圓窩，按順時針方向依次標出，1 至69的號碼，畫

---

(11)　同上註，頁181-182。

法是小篆。……此外還有四條到 V 形紋爲止的對角線，四個從中間的方塊和圓圈伸延出去的 T 形紋，四個以周圓四方線爲基礎的 L 形紋。"[12] 上述各種線紋中與日晷測定時間的功能顯然有關的只有兩個圓圈和幅射線，而 T、L、V 等三種紋飾，雖然李約瑟推測 "最初……具有實用的和天文學的性質"[13]，他卻不能確定的說明是什麼性質。與漢代日晷劃紋類似的平面圖，還見於漢代的所謂規矩鏡[14]，亦卽西方學者所謂 T L V 花紋鏡（圖十九，右），以及六博局盤上的畫紋。[15] 日晷、 規矩鏡與六博盤三者花紋是一個來源，這是可以公認的[16]，但是它們是從什麼來源而來的則尚無定說。我們在這裏所特別注意的焦點是這些圖形中的 V 字部分，卽四個角的角隅爲橫豎短劃界限出來。如果我們只看外面的方框，再加上四角的四個 V 字，則無疑的都是亞形。勞榦先生注意到六博 "博局的布置是以古代宮室的形式爲基礎。依照殷墟的發掘，以及早期青銅器亞字形的標記， 可以推測出來， 古代宮室的基本形式是亞字形……就是現在中國四合院房屋的早期形式"。[17]

由殷墟發掘，再加上漢代的資料來看，亞形是廟堂平面圖形

⑿ 李約瑟：《中國科學技術史》，第四卷，天學（香港：中華書店，1978）頁 313-314。

⒀ 同上証，頁320。

⒁ 周錚：〈規矩鏡應改稱博局鏡〉，《考古》 1987(12)，頁 1116-1118。

⒂ L. S. Yang, "An additional note on the ancient game liu-po", *Harvard Journal of Asiatic Studies* 15(1952), pp. 124-139; 勞榦：〈六博及博局的演變〉， 《中央研究院歷史語言研究所集刊》 35(1964)，頁 15-30。

⒃ 李建民：〈漢代局戲的起源與演變〉，《大陸雜誌》77(3/4), 1988。

⒄ 勞榦：上引文，頁25。

的舊說，還是值得注意的。把亞形當做身分的標誌，是不能說明殷代大墓的亞形木室的，因爲如果殷墟大墓是王室的墓，莫非殷王同時擔任相當低級的武官？最近艾倫 (Sarah Allan) 提出亞形是代表宇宙的中心的象徵的，此說的根據還是把亞字當做五個方塊(東、南、西、北、中)拼合而成十形的傳統舊說。 [18] 這個說法實際上與宗廟明堂的說法是不相排斥的，因爲中國古代一般居室、宮殿、寺廟建築的原則都是與四個方位與中央相配合的 [19]。問題的焦點是亞形的來源， 即爲什麼在方形建築的 四角各缺一角，或說爲什麼四角折入成方隅？金文裏面的亞字大致有兩式，一是方形框子缺四個角形成亞形，另一個是五個方塊拼合成十字架狀十。這兩個孰先孰後，對解釋亞形的來源很有關係；如果是亞形在先，我們便須解釋四個角的問題，如果十形在先，那麼四合院或 "五行" 一類的拼合辦法便有道理了。我是主張亞先於十的；漢代的禮制建築、日晷、規矩鏡，和六博局盤上的花紋都是方框子（除了鏡子是圓的以外）帶四個角的。近年陝西鳳翔馬家莊出土了春秋時代秦人的宗廟，它都是略作方形的平面圖，四角各有一 "坫"，即角內堆土比較其他地面爲高； 《儀禮釋宮》："堂角有坫" [20]。這四個坫便構成亞字形（圖二十）。這種解釋也與金文中亞形多作方框的情況（圖十七）相符合。

　　照這樣看來，要說明亞形的意義與起源，我們必須解釋爲什

(18) 艾倫：《談殷代宇宙觀與占卜》，1987年在安陽舉行的國際殷商史討論會上提出的論文。

(19) Nelson I. Wu, *Chinese and Indian Architecture* (New York: G. Braziller. 1963), pp. 11-12.

(20) 韓偉：《馬家莊秦宗廟建築制度研究》，《文物》1985(2)，頁30-38。

麼方形的宗廟明堂的四個角都凹入以致形成亞形。我對這個問題有一個新的答案，而這個答案的 啟示來自新大陸 的史前考古。在墨 西哥奧 爾美克（Olmec）文化的一個 重要遺址卡 爾卡金哥（Chalcatzingo）發現了兩個石刻，都是地神的獸形刻像，張著大嘴，作為出入生死世界的門口；嘴形都是亞形的，四角凹入處各生長一株樹木（圖二十一）。[21] 這個亞形的口便是奧爾美克人的一張宇宙圖，張開的大口是天地的分界，而四角的樹木是協助登天入地的四株 "宇宙之樹"。這幅宇宙圖給我們的啟示，是說大地本是方形的，但四角上各植一樹，造成凹入的角隅，造成亞形的形成。從這裏我們再回頭看亞形，便引起這樣的一個問題，就是殷代的亞形會不會也是這樣形成的？ 作為天地溝通的場所的宗廟明堂是不是在四隅都植有（實有的或象徵性的） "若木"、"建木"，或 "扶桑" 這一類溝通天地的神木，而為了四木而造成四角的凹入？ 換言之，殷代宗廟明堂是否因為四角有四木而成為亞形的？

奧爾美克文化的亞形石刻與殷商時代是約略同時的。它們彼此相隔遙遠，很難相信是彼此傳播接觸而造成的在亞形上的類似性。我們不妨視之為偶合，把奧爾美克文化的帶四木的亞形當作純然的啟示。但我們也可以用另外一個角度來看。中國古代與美洲古代文明之間有許多在美術象徵符號上的相似性，我最近提出一種假設，把殷商文明與中美的奧爾美克和馬雅等文明看做同祖

(21) David Grove, *Chalcatzingo*: *Excavations on the Olmec Frontier* (London: Thames and Hudson, 1984), p. 50; David Grove (ed.), *Ancient Chalcatzingo*, (Austin: University of Texas Press, 1987), pp. 124, 126, 141.

的後代，把它們的祖先文化（可以追溯到一萬多年以前美洲印地安人祖先還在亞洲的舊石器時代）叫做“馬雅·中國文化連續體。”[22] 如果用這個角度來看，殷代的亞形代表一項非常古老的信仰觀念，就是說在馬雅·中國文化連續體的階段，已有宗廟明堂這種禮制建築，而且已有四木的制度，同時也就有由於四木在四角這種情形而產生的亞形的宇宙圖或明堂太室圖。像這樣看，宗廟明堂的禮制以及溝通天地與四木的信仰是在漁獵生活的舊石器時代便已存在的制度與信仰了。但這是題外之話。

　　與這個問題有密切關係的一項資料是三十年代在長沙出土的楚繒書。這片繒書的文字是主要的資料，但它的四邊有許多繪畫，很有系統的安排為一面三位的十二神，另外四角有四木，即繒書文字中所說的青、朱、黃、黑四木，一說“代表春夏秋冬四季。”[23] “這四木的作用與古代出土占盤上面的四維相同。……馬王堆帛書十六經果童：夫天有榦，地有恒常；行守：天有恒榦，地有恒常。四木也就是四天榦”。[24] 繒書有一種看法便是楚的明堂圖[25]。繒書所代表的宇宙世界與宗廟明堂所象徵的宇宙世界可能是一回事。繒書四角的四木便是古代宗廟明堂建築角隅所種植的四木。明堂的牆壁到了四角為了四木的關係向裏凹入，所以明堂的平面圖便成為亞形了。如果將楚繒書加上黑框，

(22)　K. C. Chang, "Ancient China and its anthropological significance," *Symbols* Spring/Fall, (1984), pp. 2-4, 20-22（中譯《古代中國及其在人類學上的意義》，載《史前研究》 1985(2)，頁41-46）；張光直：《考古學專題六講》（北京：文物出版社，1986）。

(23)　陳夢家：〈戰國楚帛書考〉，《考古學報》1984(2)，頁138。

(24)　李零：《長沙子彈庫戰國楚帛書研究》（北京：中華書局），1985，頁69-70。

(25)　俞偉超：〈關於楚文化發展的新探索〉，《江漢考古》 1980(1)，頁23。

再把四木的 四角躲開， 豈不是眞眞正正 的一幅亞形 明堂圖麼？
（圖二十二） 如果楚的明堂是亞形的， 它的四角每角便有兩根柱子
撐著屋頂， 一共需要 八根柱子， 所以 〈天問〉 說， "八柱何
當？"楚的明堂正好做爲殷代亞形與漢代亞形的一個中介橋樑。

　　上面說過， 學者對"亞爲廟室"的舊說不盡滿意的原因之一
是考古學者在殷代的居住遺址或宮廟遺址裏面還沒有挖出來一所
亞形的房子。 事實上， 大墓中的木室是死去的祖先升天入地的
場所， 也是一種明堂， 它的確有一 半是亞形的。 至於地上的建
築，我們並不能說沒有亞形的。殷墟地上的建築都破壞殆盡，牆
和屋頂都無跡可尋，只能按礎石的安排方式來推斷房屋的形狀。
但是小屯的基址上礎石完整的很少，房屋的形狀到底是什麼樣子
的我們並不都知道。 小屯的基址 中面積較大 而略作方形 的有乙
七、乙十一， 和丙一等， [26]尤其乙七與大片的儀式性的埋葬品
相配合[27]， 都有做殷代宗廟明堂的資格。 但是這幾個基址上的
礎石都不完全， 房屋的四角究 竟是什麼形狀， 我們根本無法判
斷。因此我們實際上是不能說殷代小屯的基址中是沒有亞形的。

(26) 石璋如：《殷墟建築遺存》，中央研究院歷史語言研究所，(1959)。
(27) 石璋如：〈小屯C區的墓葬羣〉，《中央研究院歷史語言研究所集刊》，23
(1951)，頁447–487。

濮陽三蹻與中國古代美術上的人獸母題*

　　1987年 5 月，豫北濮陽市文物管理部門在縣城西南隅的西水坡一帶，發現了一批仰韶時期的房基、窖穴、墓葬和器物。遺物中特別引人注意的是三組用蚌殼鋪成的動物紋樣。第一組出現於第45號大墓，墓中埋葬四人，其中主要的是一"壯年男性"，身長1. 84米、頭南腳北、仰身直肢。其左（西）側有蚌殼擺塑的一個虎形，頭北尾南、身長1. 39米，體高0. 63米，張口睜眼豎耳、牙齒外露、四肢交逆作行走狀、尾下垂。人右（東）側有蚌殼擺塑的一個龍形，頭朝北。第二組在此墓之北，有一合體龍虎，龍虎為一軀，虎背上還有一鹿。龍的頭部擺塑一蜘蛛，正對龍的前方擺塑一圓球。第三組動物在第二組以南堆積層中，有一蚌殼擺塑的龍，頭朝東，背上騎一人；龍以北近處又有一蚌殼擺塑的虎，虎頭朝西，作奔跑狀。這三組動物羣時代相同，又在同一平面上，"可能是在埋葬45號墓死者時搞祭祀活動而留下的遺迹。"[1]據初步報道，已知這裏是仰韶社會中一個重要人物的埋葬。在

＊原載《文物》，1988(11)，頁36-39

(1)　〈濮陽出土六千年前的龍虎圖案〉，《中國文物報》1988年 1 月29日，第一版。

他的屍體附近隨葬有龍、虎、鹿的藝術形象，又有人騎龍的形象。龍、虎、鹿顯然是死者馴使的動物助手或伙伴。

濮陽這些龍虎鹿擺塑藝術形象的發現使我們想到古代原始道教上的龍虎鹿三蹻。東晉葛洪（約 283-343 年）《抱朴子》內十五中說："若能乘蹻者，可以周流天下，不拘山河。凡乘蹻道有三法，一曰龍蹻，二曰虎蹻，三曰鹿盧蹻。……乘蹻須長齋絕葷菜斷血食，一年之後乃可乘此三蹻耳。……龍蹻行最遠，其餘者不過千里也。"是原始道士可以借龍虎鹿三蹻腳力，"周流天下，不拘山河"。這個"蹻"字，《說文》云："舉足小高也，從足喬聲。"與這個有關的字，有趫、矯、翹、蟜等等，都與健行、迅行有關。龍蹻、虎蹻、鹿蹻的作用，是道士可以它們爲腳力，上天入地，與鬼神來往，其中尤以龍蹻腳力最強。上引《道藏》收有《太上登眞三矯靈應經》，對"三矯"的性能有較詳的敍述：

> 三矯經者，上則龍矯，中則虎矯，下則鹿矯。……大凡學仙之道，用龍矯者，龍能上天入地、穿山入水，不出此術，鬼神莫能測，能助奉道之士，混合杳冥通大道也。……龍矯者，奉道之士，欲游洞天福地，一切邪魔精怪惡物不敢近，每去山川洞州府，到處自有神祇來朝現。

用《抱朴子》和《三矯經》的記載是可以來解釋濮陽龍虎鹿的形象的。這就是說，濮陽45號墓的墓主是個仰韶文化社會中的原始道士或是巫師，而用蚌殼擺塑的龍、虎、鹿乃是他能召喚使用的三蹻的藝術形象，是助他上天入地的三蹻的形象。可是現存有關三蹻的紀載是公元三、四世紀的，而濮陽的發現如果是仰韶時代的，則可早到公元前4000多年。二者中間要有5000年的距離。用三蹻的觀念來解釋濮陽的龍、虎、鹿三獸的形象會不會過於牽強呢？我們是否可以有信心說中國的原始道教在儀式行為方面有自史前以來巫術一線持續下來的成分？是否可以說《抱朴子》和《三嬌經》中的三蹻有濮陽三蹻這一個傳統賡續流傳下來的成分？

　　從考古學和美術史的資料來看，仰韶到魏晉這 5000 年間一直不斷地有巫蹻的 符號存在，只是在過 去我們沒有把 它的意義把握清楚，沒有把這一類材料集在一起研究就是了。濮陽新發現的重要性之一，便是它在我們對歷代巫蹻符號的辨認上，發揮了點睛的作用。中國古代美術中常見的一個符號便是人獸相伴的形象，我們在這裏不妨叫它作"人獸母題"或逕稱之為"巫蹻"母題，也就是環太平洋地區古代和原始美術中常見的所謂 alterego 或 "親密伙伴" 的母題[2]。從濮陽發現的啟示，我們確定地認識到，這個母題的成分便是表現一個巫師和他的動物助手或"蹻"。

　　從時代較晚向上推，我們可先舉戰國時代一個龍蹻一個虎蹻的例子。圖二十三（左）示一人右手執鞭驅趕一隻龍形動物。這是日本京都太田貞造氏收藏的一件蟠螭夆龍文卣上面的形象[3]，是一個寫實性的人獸符號，表現一個巫師在駕馭著他的龍蹻。《左傳》昭公二十九年："古者畜龍，故國有豢龍氏,有御龍氏。"

(2)　Douglas Frazer, et al, *Early Chinese Art and the Pacific Basin: A Photographic Exhibition*, (New York: Intercultural Arts Press, 1968), pp. 65-66.

(3)　梅原末治：《戰國式銅器の研究》，東方文化學院京都研究所研究報告第七冊，昭和十一年(1936)，頁42~43，圖版77(2)。

這兩氏很可能是專業的巫師， 豢龍御龍以從事天地之事， 所以《左傳》接著說，"董父，實甚好龍，……龍多歸之，乃擾畜龍以服事帝舜， 帝賜之姓曰董、 氏曰豢龍， 封諸鬷川、 鬷夷氏其後也， 故帝舜世有畜龍。 及有夏，孔甲擾于有帝，帝賜之乘龍。"《左傳》下面問道， "今何 故無之？" 是說魯昭公時 已沒有豢龍、御龍二氏了。但從戰國這件器看來， 豢龍、御龍的人在當時還是知道的。圖二十三（右）示一人像駕馭一隻猛虎， 當是巫師駕馭著虎蹻的形象。這是洛陽戰國墓中出土的兩件"伏獸玉人"之一， 高2.6、 長1.8、 寬 0.9厘米。人裸體騎在虎上， 係白玉雕成， 晶瑩澤潤[4]。

　　寫實性的人獸符號是在戰國時代寫實性的藝術風格之下產生的。向上把這個母題追溯到商周， 我們在藝術紋樣中所看到的人獸符號便 有了比較豐富 濃厚的宗教氣氛， 其中最有名 的便是由"乳虎食人卣"（圖十一，中下）和安徽阜南出土的龍虎尊（圖十一，右下）所代表的人獸相依母題。關於這個母題， 過去的研究較多， 我在《中國青銅時代》一書中[5]已有較詳的討論，在這裏就不重複了。書中對這母題的解釋是: "有人指出張開的獸口在世界上許多文化中都作爲把兩個不同的世界（如生、死）分割開來的一種象徵。這種說法與我們把怪獸紋樣作爲通天地（亦卽通生死）的助理的看法是相符合的。而且這幾件器物所象的人很可能便是那作法通天的巫師， 他與他所熟用 的動物 在一起， 動物張開大口，噓氣成風，幫助巫師上賓於天。"

　　(4)　〈洛陽西郊一號戰國墓發掘記〉， 《考古》1959(12)。
　　(5)　北京: 三聯書店，1983年版， 頁332-333。

人獸符號在殷商時代才有清楚的表現，但過去在傳世的玉器上也見過不少人形與獸形的圖象。雖然它們的時代不明，有不少學者相信這些有人形獸形的玉器中有 "先殷式" 的[6]。最近幾年來良渚文化的新發現把這個問題搞清楚了。自1972年以來，良渚文化中出土了不少玉琮，上面有獸面形的紋飾。南京博物院的車廣錦最近在討論玉琮紋飾的一篇文章裏，提到了玉琮上面人獸母題的存在：

> 有些玉琮以次兩節爲一組合，上下節主體紋飾不同，上節頂部有兩道凸橫檔，下節在眼外有橢圓形凸面表示眼瞼，兩眼之間有扇形凸面表示額部，這種紋飾可稱爲組合紋。[7]

過去我們常將組合紋上下兩節都視爲獸面紋，但車氏根據美國收藏的兩件良渚文化玉器上面的花紋也分上下兩部，而上部是戴羽冠的人面形，推論玉琮組合紋中上節爲人面紋，下節爲獸面紋。這個推論與杭州反山良渚墓地新發現的玉器圖象完全一致。反山出土的一件玉琮上也有清楚的人獸母題 (圖二十四)：

> 紋飾區之一是四個正面的直槽內上下各有一個神人與獸面複合像，共八個。……神人的臉面作倒梯形。重圈爲眼，兩側有短線象徵眼角。寬鼻，以弧線勾劃鼻翼。闊嘴，內以橫長線再加直短線分割，表示牙齒。頭上所戴，外層是高聳寬大的冠，冠上刻十餘組單線和雙線組合的放射狀羽毛，可稱爲羽冠；內層爲帽，刻十餘組緊

---

(6) 林巳奈夫：《先殷式の玉器文化》，*Museum* 334 (1979)，頁4-16。

(7) 車廣錦：〈良渚文化玉琮紋飾探析〉，《東南文化》1987(3)。

密的捲雲紋。臉面和冠帽均是微凸的淺浮雕。上肢形態
為聳肩、平臂、彎肘、五指平張叉向腰部。下肢做蹲踞
狀，腳為三爪的鳥足。……在神人的胸腹部以淺浮雕突
出威嚴的獸面紋。重圈為眼，外圈如蛋形，表示眼眶和
眼瞼……眼眶之間有短橋相連，……寬鼻，鼻翼外張。
闊嘴，嘴中間以三小角表示牙齒。(8)

　從這件“神人與獸面複合像”以及杭州瑤山良渚遺址出土的好幾
件有人獸母題的玉器(9)看來，人獸組合紋是良渚文化玉器上面的
一個基本紋飾；其中上面的人形形象常趨簡化，所以它的真實意
義最近才確認出來。

　　從上面所舉的這幾個例子看來，從新石器時代的仰韶文化，
經過較晚的良渚文化，一直到青銅時代，中國古代藝術裏面有過
一個賡續出現的重要母題，即人獸在一起出現，有的人形在上面
或占籠罩性的地位，有的在下面或處於附庸的地位。也有的人獸
各在器的一面。關於這些人獸紋樣的宗教意義，歷來美術史家很
少討論(10)。濮陽資料與古代道教中龍、虎、鹿三蹻的密切聯繫，
使我們了解到古代美術中的人獸關係就是巫蹻關係。人便是巫師
的形象、獸便是蹻的形象；蹻中以龍虎為主，其他的動物（包括
鹿）在古代美術形象中種類也是很多的。在美術母題中人獸放在
一起便表示巫蹻之間密切和互相依賴的關係。濮陽墓葬中隨葬的
蹻不是真的獸骨而是用蚌殼作的藝術品。這一點也應有重要的意

(8)　〈浙江餘杭反山良渚墓地發掘簡報〉，《文物》1988(1)。
(9)　〈餘杭瑤山良渚文化祭壇遺址發掘簡報〉，《文物》1988(1)。
(10)　Doris J. Dohrenwend, "Jade Demonic Images from Early China",
　　　Arts Orientalis X(1975), 55-78.

義。固然龍的骨骼不能得到，可是虎和鹿是可以用眞獸隨葬的。
但三蹻在濮陽都用藝術品表示，使我們了解到在古代巫師的活動
中，藝術形象似乎也可以發揮實際的作用。

　　以這個觀點看中國古代藝術中常見的動物紋樣，我們對它的
解釋就更增加了信心。在〈商周青銅器上的動物紋樣〉[11] 一文
中，我曾提出動物紋樣是巫師從事通達天地工作的助手的說法。
如果古代藝術上的人獸母題正是巫蹻關係的符號，那麼那充滿在
中國古代藝術品上的動物紋樣便正都是巫師役用的蹻，這對上文
的說法又增加了一批堅強的證據。

---

(11)　《考古與文物》，1981(2)。

中國古代藝術與政治

—— 續論商周青銅器上的動物紋樣*

　　中國古代藝術與政治這樣一個大的題目，是在一篇短文中說不完的，但這篇小文實際上是〈商周青銅器上的動物紋樣〉[1]一文的一個續篇。現代的藝術家也許有"爲藝術而藝術"與"爲人生而藝術"這一類的爭論，可是在古代藝術的研究上，至少是在中國古代商周藝術的研究上，我們一般多同意"政治、宗教、和藝術是結合在一起的"[2]這種看法。可是古代的藝術與古代政治相結合是採取怎樣的具體方式呢？在商周藝術上佔重要地位的動物紋樣的意義未經闡明之前，這個問題的回答是比較困難的。

　　傳統的金石學對這個問題是沒有答案的。《呂氏春秋》裏屢次提到周鼎的花紋，都給以哲理修養上的解釋："周鼎著饕餮，有首無身，食人未咽，害及己身，以言報更也"（〈先識覽〉）；"周鼎著象，爲其理之通也"（〈審分覽・愼勢〉）；"周鼎著鼠，令馬履之，爲其不陽也"（〈恃君覽・達郁〉）；"周鼎著倕，而齕其指，先王有以見大巧之不可爲也"（〈審應覽・離

---

　　*原載《新亞學術季刊》第四期(1983)，頁29–35。
　　(1)　《考古與文物》(1981)2，頁53–68。
　　(2)　馬承源：《中國古代青銅器》（上海：人民出版社，1982年），頁33。

謂〉）；　"周鼎有竊曲，狀甚長，上下皆曲，以見極之敗也"
（〈離俗覽·適威〉）。照這種說法，周人在鼎上鑄了動物的紋樣
乃是表達哲理思想的，而自北宋以來的金石學者也就常常將此說
沿襲使用，如《博古圖》所說"象饕餮以戒其貪"（〈總說〉）
便是典型的例子。近代學者不爲傳統看法所局限，進一步看到古
代藝術與政治的結合，代表對商周藝術研究的很大的進步；至於
二者結合的具體方式，一般的看法是相似的，可以舉最近的三個
例子：

> 各式各樣的饕餮紋樣以及它爲主體的整個青銅器其他紋
> 飾和造型，特徵都在突出這種指向一種無限深淵的原始
> 力量，突出在這種神秘威嚇面前的畏怖、恐懼、殘酷和
> 凶狠。……它們之所以具有威嚇神秘的力量，不在於這
> 些怪異動物形象本身有如何的威力，而在於以這些怪異
> 形象爲象徵符號，指向了某種似乎是超世間的權威神力
> 的觀念。[3]

> 商和周初青銅器動物紋飾都是採取誇張而神秘的風格。
> 卽使是馴順的牛、羊之類的圖象，也多是塑造得猙獰可
> 怕。這些動物紋飾巨睛凝視、闊口怒張，在靜止狀態中
> 積聚著緊張的力，好像在一瞬間就會迸發出凶野的咆
> 哮。在祭祀的煙火繚繞之中，這些青銅圖象當然有助於
> 造成一種嚴肅、靜穆和神秘的氣氛。奴隸主對此尚且作
> 出一副恭恭敬敬的樣子，當然更能以此來嚇唬奴隸了。[4]

---

(3) 李澤厚：《美的歷程》（北京：文物出版社，1981），頁36-37。
(4) 馬承源：上引《中國古代青銅器》，頁34-35。

進入青銅時代，商周奴隸主階級的宗教與藝術，繼承了
史前時期的某些歷史傳統，加以利用改造使之爲自己的
神權統治服務，可能更附加了一些新的屬性，情況雖然
不詳，估計無非是想說明“聰明正直爲神”，神也無所
不在，監臨下民，叫人恭敬嚴肅，小心畏懼，獸面紋樣
之普遍見於鼎彝之類“重器”之上，居於如此顯著地
位，反覆出現，或者就是爲了這個原因。[5]

上面這幾段文字所代表的看法，照我的意見是很有見地的。商周
藝術品上動物紋樣的嚴肅、靜穆、與神秘的氣氛，所引起的在下
層羣衆心中的恐懼，很可能是維持與加強統治者政治力量的一個
強烈的因素。但在另一方面，這種解釋可能還欠完備。古代藝術
品常是廟堂之器，不一定是下層衆人能輕易看到的，同時現存的
商周藝術品絕大部分是自墓葬裏出土的。如果古代藝術品的政治
作用，不是一定在公開陳列的情形下才能發揮，而在埋藏起來以
後，仍舊不失其效力，那麼它的政治力量，便不能僅靠它所造成
的氣氛，與在那種氣氛之下所引起的恐懼來達到了。換言之，商
代藝術品本身，或其動物紋樣本身，是不是有一定的宗教力量與
政治力量，或是說，它們本身便是直接達成某種宗教目的、政治
目的的工具呢？

　　上面所說的〈商周青銅器上的動物紋樣〉一文裏，我提出了
上面這個問題的肯定的答案。這個回答的主要關鍵，是確定了商
周青銅器上的動物紋樣，實際上是當時巫覡通天的一項工具。這

---

(5) 劉敦愿：〈呂氏春秋“周鼎著饕餮”說質疑〉，《考古與文物》，(1982)3，
　　頁87-88。

裏我們不妨把這個 主張更加擴張，　把它當作商周 藝術的一般特徵，並且指出這種爲通天工具的商周藝術品，也正因此而是商周統治階級的一項政治工具。商周藝術品（尤其是青銅器藝術品）的這些特徵，便是九鼎傳說的基礎。

　　關於商周青銅器上的動物紋樣本身，乃是巫覡通天工具這個說法，我在前文裏有比較詳細的引證，這裏便不再加以重複了。現在比較原始的民族裏面，還有有巫覡名爲"薩滿"的；"薩滿"的主要作用便是通神，而在他們通神的過程中，各種動物常常做爲他們的助手或是使者。中國古代的文獻裏，也有不少動物扮演通神使者的跡象；《山海經》和《楚辭》裏都提到"二龍"或"兩龍"，是巫覡通天常用的標準配備。甲骨卜辭裏也有"帝史鳳"的稱呼。從這各方面的證據看來，說商周青銅器上的動物紋樣，便是巫覡通天工具的 一個重要部分，應該是不 成問題的了。如果青銅器上的動物紋樣有這種作用，那麼在其他原料的藝術品上面的動物紋樣，也應該有同樣的作用，也是商周巫覡通天工具的一部分了。

　　商周藝術上的動物紋樣，或甚至說商周藝術一般而言，雖然是巫覡通天工具的一種，卻不是巫覡通天的唯一的工具。關於商周巫覡 通天地這件事，要從 "重黎二神絕地天通" 這個神話說起。這個神話是比較熟知的，但不妨將古籍中兩段重要文獻引述一下。

　　《書·呂刑》：

　　　　上帝監民，罔有馨香德，刑發聞惟腥。皇帝哀矜庶戮之
　　　　不辜，極報以威，遏絕苗民，無世在下，乃命重黎絕地天

通。

《國語・楚語》對這一段故事的來龍去脈，作了比較詳細的說明和解釋，在上文已詳細徵引；觀射父這一段話分好幾個層次把中國古代的宗教、巫覡及祭祀作了很有系統的分析。在本題上說，它一方面解釋了通天地的主要方法與工具，一方面點破了通天地在政治上的意義，所以這一段話是我們學習中國古代藝術史上有關鍵性的一段史料。

神屬於天，民屬於地，二者之間的交通，要靠巫覡的祭祀，而在祭祀上"物"與"器"都是重要的工具："民以物享"，於是"神降之嘉生"。商周的青銅彝器以及其他質料的彝器如木漆玉石骨牙等器，都可以做巫覡的法器，它們上面的動物紋樣便是巫覡的助手、使者。這些在前文都已詳述。但巫覡的祭祀通天，其手段還是比較複雜的，我們對於祭器及其動物在這些儀式上的具體作用，還不能澈底的了解。但是我們相信巫覡在祭祀做法時，具體的說，是使用占卜術而能知道神與祖先的意旨的；是使用歌舞和飲食而迎神的，是使用酒精或其他興奮藥劑，達到昏迷狀況而與神界交往的。在這些具體的通神方式上，商周的藝術品，很顯然的都要發揮相當重大的作用的。關於這一點，即古代藝術究竟自具體細節上看，是如何與巫覡通神相關的，實際上還需要更多的更進一步的研究，但此地不妨舉幾個顯明的例子。

古代各種占卜術中最爲我人熟知的是商周的骨卜與龜卜；骨卜與龜卜對古代藝術的貢獻主要是在書法上面。卜辭的書法已經是個別書法家表現作風的境地了，所以董作賓在他的《甲骨文斷代研究例》⁽⁶⁾中把"書體"列入了斷代的十項標準之一："在早期武丁時代，……史臣書契文字，也都宏放雄偉，極爲精彩；第二、三期，史官書契，也只能拘拘謹謹，恪守成規，無所進益，末流所屆，漸趨頹靡；　第四期武乙好田遊，　不修文事，　卜辭書契，更形簡陋；文武丁銳意復古，起衰救弊，亟圖振作，豈奈心有餘而力不足，'文藝復興'僅存皮毛；第五期帝乙帝辛之世，貞卜事項，　王必躬親，　書契文字，　極爲嚴肅工整，　文風丕變，制作一新。"⁽⁷⁾最近在陝西岐山扶風周原新發現的文王與其後數王時代的甲骨文，又自成一流，屬於纖細的微雕藝術⁽⁸⁾。但是書法藝術在巫覡通神占卜術上，究竟起過什麼樣的作用，還是一個值得進一步研究與詳細討論的題目。照一般卜辭學者的看法，卜辭是在占卜之後才書寫雕刻在甲骨上的。因此卜辭中的文字是與祖神溝通的語言工具，還是在宮廷中立此存照以爲後據的歷史與公文檔案，還是糾纏不清的問題。⁽⁹⁾

　　巫覡以歌舞　飲宴爲手段而　溝通人神是研究　古代文藝者的常識，而在《楚辭》中有非常豐富的資料。《楚辭章句》說得很是清楚："昔楚南郢之邑，沅湘之間，其俗信鬼而好祀，其祀必使巫覡作樂　歌舞以娛神。　蠻荊陋俗，　詞旣鄙俚，　而其陰陽人鬼之間，又或不能無褻慢淫荒之雜。"　舉《九歌》中的〈東君〉爲例：

⑹　《中央研究院歷史語言研究所集刊外編，慶祝蔡元培先生六十五歲紀念論文集》，1933，頁323-424。

⑺　董作賓：《甲骨學六十年》（臺北：藝文印書館，1965），頁101-102。

⑻　〈陝西岐山鳳雛村發現周初甲骨文〉，《文物》(1979)10，頁38-43。

⑼　王宇信：《建國以來甲骨文研究》（北京：中國社會科學出版社，1981），頁62-65。

　　暾將出兮東方，照吾檻兮扶桑，撫余馬兮安驅，夜皎皎
　　兮既明。
　　駕龍輈兮乘雷，載雲旗兮委蛇，長太息兮首將上，心低
　　佪兮顧懷，
　　羌聲色兮娛人，觀者憺兮忘歸。緪瑟兮交鼓，簫鐘兮瑤
　　簴，
　　鳴篪兮吹竽，思靈保兮賢姱，翾飛兮翠曾，展詩兮會
　　舞，應律兮合節，靈之來兮蔽日。青雲衣兮白霓裳，舉
　　長矢兮射天狼，
　　操余弧兮反淪降，援北斗兮酌桂漿，撰余轡兮高馳翔，
　　杳冥冥兮以東行。

這首詩生動的描寫了一套迎送日神的儀式，其主要的成分便是使
用各種樂器齊奏的音樂，與穿著色彩繽紛的衣裳所作的舞蹈[10]。
詩中所描寫的歌舞儀式用具，如龍輈、雲旗、瑟、鼓、鐘、簴、
篪、竽、翠、雲衣、霓裳等等，都是當時的藝術品，如果在考古
遺址裏有遺留著的痕迹的話，便正是當時巫術的具體的寫照。又
在《楚辭》的〈招魂〉和〈大招〉裏，描寫巫覡作法溝通生死，
使用各種飲食為招魂的工具，而古代飲食的禮器更是商周藝術的
核心。1978年發掘的湖北隨縣擂鼓墩一號墓，是戰國初年曾侯乙
的墓葬，其時代與所代表的文化都與《楚辭》相距不遠。墓中出
土的文物，"包括青銅禮器、樂器、兵器、車馬器、金、玉器、
漆木、竹器和竹簡等類共七千餘件。……青銅禮器和用器共一百

　　(10)　王克芬編著：《中國古代舞蹈史話》（北京：人民音樂出版社，1980），
　　　　頁17-18。

四十餘件，從祭祀飲宴用的禮器，擺設用的裝飾品到各種日常生
活用具應有盡有，⋯⋯。特別引人注目的是樂器。出土的笙、排
簫、竹笛、瑟、琴、編鐘、編磬、鼓等共八種一百二十四件，管
樂、弦樂、敲擊樂器俱全”[11]。 把《九歌》中巫覡通神儀式中
所用的各種藝術品，逐件的在曾侯乙墓裏尋索，似乎是可以對出
不少種類來! 曾侯乙生前死後是都可以用得上這些藝術品的，因
爲不論生前還是死後，與祖神溝通都是當時人們的急務。

　　至於借助酒精力量達到昏迷狀態以與神界交往，則只是一項
猜測。近代原始民族的薩滿有時藉助各種迷魂藥物達到通神的精
神狀態，是眾所熟知的。中國古代的巫覡是否借助於藥物，是個
值得深入研究的問題。但商周青銅彝器之中酒器的數量與種類之
多，是從這個角度上看值得注意的事實。在《尚書·酒誥》中，
雖然周公以商人嗜酒爲戒，卻一再的說明，“你們要喝酒，只能
在祭祀時喝”：“越庶國飲，惟祀”；“爾尚克羞饋祀，爾乃自
介用逸”；“惟姑教之，有斯明享”。換言之，祭祀時不但可以
喝酒，而且應該喝酒；這是與彝器之中酒器之多相符的。但祭祀
時什麼人喝酒? 古代的祭祀是廟堂大事，不像今日作拜禮時大家
一起喝醉這樣。看來祭祀時喝酒的人是巫覡，喝酒的目的之一，
很可能便是把巫覡的精神狀態提高，便由於溝通神界。[12]

　　用這一類的看法來看商周的藝術，我們很自然的強調了古代
藝術的實用的一面，亦卽作爲巫覡通天的工具這一面。這裏不妨

---

(11)　湖北省博物館編：《隨縣曾侯乙墓》（北京：文物出版社，1980），頁1-2。
(12)　周策縱：〈中國古代的巫醫與祭祀、歷史、樂舞、及詩的關係〉（《清華學
　　　報》新十二卷，第一、二期合刊，1979，頁1-60）提到藥酒，強調了古代酒
　　　在醫療上的作用。

舉古代藝術史最爲人所熟知的兩件藝術品作個例子。傳在湖南寧
鄉出土一般斷爲商代的一對 "乳虎食人卣" 中在巴黎的一件 (圖
十一，中下)。 從巫覡通天工具這個觀點來看， 這件器物的好幾個
特點，都有典型的特徵。它的動物形制與紋樣，表現著作爲巫覡助
手的動物形態； 它與人形的親密關係，與太平洋區原始藝術與古
代藝術常見的 "同一個體的另一半" (alter ego) 的母題相符合，
很可能說明動物身上的人像正是巫師的形象。這件卣又是件祭祀
時盛酒的器物，可以說是巫覡通天的法器。這種種的特徵，固然
不能說是這件藝術品的全部特徵， 也不能把它的存在作完全的說
明，但指明這些特徵顯然是我們理解這件器物本身意義的先提條
件。(13)

　　1973年在長沙子彈庫楚墓清理出來的一幅 "人物御龍帛畫"
（圖二十五）。 "畫的正中爲一有鬍鬚的男子， 側身直立， 手執繮
繩，駕馭著一條巨龍。龍頭高昂， 龍尾翹起， 龍身平伏， 略呈舟
形。在龍尾上部站著一鶴，圓目長喙，昂首仰天。人頭上方爲輿
蓋，三條飄帶隨風拂動， 畫幅左下角爲一鯉魚。 "。(14) 發掘者
對此畫的解釋是說在上的人物 "乘龍升天"： "在中國古代傳說
中，人神都可以乘龍到天上去或遨遊太空。……畫作舟形，似是
在沖風揚波，……古代傳說中的神山多在海中，因此求仙登天必
須經過滄海。" (15) 這個看法是正確的； 《楚辭》 中提到駕龍神

---

(13) 原圖採自V. Elisséeff, *Bronzes archaiques chinois au Musee Cernuschi,*
　　　I, (Paris: L'Asiatique, 1977), pp. 120-131。關於這一類人獸同現其上的
　　　青銅器的分析，見註(1)引文。
(14) 《長沙楚墓帛畫》 (北京：文物出版社，1973)， 說明。 (同見 《文物》，
　　　1973(4)，頁3-4)。
(15) 同上。

遊之處比比皆是: 〈九歌·雲中君〉: "龍駕兮帝服, 聊翱遊兮
周章"; 〈湘君〉: "駕飛龍兮北征, 邅吾道兮洞庭"; 〈大司
命〉: "乘龍兮轔轔, 高馳兮沖天"; 〈東君〉: "駕龍舟兮乘
雷, 載雲旗兮委蛇"; 〈河伯〉: "乘水車兮荷蓋, 駕兩龍兮驂
螭"; 《離騷》: "屯余車其千乘兮, 齊玉軑而並馳; 駕八龍之
蜿蜿兮, 載雲旗之委蛇"。這一類的例子, 還可舉得很多, 上面
數條可見一斑。至於帛畫中駕龍的人物是何樣的人物, 則依報告
者 "引魂升天" 的說法, 當是墓主的寫眞。出帛畫的墓正是1942
年出土楚繪書的同一墓; 繪書的內容與巫覡的關係, 已有相當詳
盡的研究[16], 子彈庫的墓主有可能是楚的一個巫師, 繪書是他
的職業手冊, 帛畫是他的溝通天地工作的造型。這一類的藝術造
象, 顯著可舉的例子還有長沙陳家大山出土的人物龍鳳帛畫[17],
戰國時代一個銅壺上刻鑄的驅龍圖象[18], 以及洛陽西郊一號戰
國墓出土的兩件 "伏獸玉人" [19]。這些藝術品所造型的人都是
巫師, 獸都是助巫通天的工具, 人獸的關係正是巫師作法通天的
行動。

　　上面這幾個例子 很清楚的說 明了商周藝 術與巫術的密切聯
繫, 而藝術的政治性也正須在巫術與政治的關係上尋求理解。事
實上, 古代巫術與政治的關係不是一個新鮮陌生的問題; 一旦藝
術與巫術的關係具體點明, 下面的討論便比較簡單直捷。上文已

---

(16) 如林巳奈夫: 〈長沙出土楚帛書の十二神の由來〉, 《東方學報》〈京都:
　　 1971〉, 第四十二冊。
(17) 熊傳新: 〈對照新舊摹本談楚國人物龍鳳帛畫〉, 《江漢論壇》, 1981(1),
　　 頁90-94。
(18) 梅原末治: 《戰國式銅器の研究》〈京都大學人文科學研究所, 1936〉。
(19) 〈洛陽西郊一號戰國墓發掘記〉《考古》, 1959(12), 頁653-657。

經引述了古代 "絕地天通" 的神話； 關於天地分離了以後巫覡在
政治上的 重要作用， 楊尙奎在下面這一 段話裏已經 清楚的點明
了：

> 我們雖然不能完全明瞭他（觀射父）的意思，但可以知
> 道是說在九黎亂德以後，人人作起神的職份來，分不清
> 楚誰是神誰是人了。這樣 "民神同位" 的結果，老天也
> 覺得麻煩，於是派下重和黎來，使重管神的事，黎管人
> 的事；那就是說，人向天有什麼請求向黎去說，黎再通
> 過重向天請求，這樣是巫的職責專業化，此後平民再不
> 能直接和上帝交通，王也不兼神的職務了。[20]

這樣一來， "國王們斷絕了天人的交通， 壟斷了交 通上帝的大
權"[21]。通天的巫術， 成爲統治者的專利， 也就是統治者施行
統治的工具。 "天" 是智識的源泉， 因此通天的人是先知先覺
的，擁有統治人間的智慧與權利。《墨子·耕柱》： "巫馬子謂
子墨子：鬼神孰與聖人明智？子墨子曰：鬼神之明智於聖人猶聰
耳明目之與聾瞽也。"因此雖人聖而爲王者，亦不得不受鬼神指
導行事。從商代的卜辭看來，商王行動之先常須舉行占卜請示祖
先，或至少要藉祖先意旨爲行動之口實。董作賓所列卜事，據粗
略的觀察，可暫分爲下列的二十種：卜祭祀、卜征伐、卜田狩、
卜游觀、卜享、卜行止、卜旬、卜夕、卜告、卜匄、卜求年、卜
受年、卜日月食、卜有子、卜娩、卜夢、卜疾病、卜死亡、卜求

---

(20) 《中國古代社會與古代思想研究》上册 （上海：人民出版社， 1962），頁
　　163。
(21) 同上，頁164。

雨、卜求啟。(22) 是凡國家王室大事，包括生老病死，事事要聽
祖先的指示。這從一方面來說，表現了"鬼神之明智於聖人"，
可是從另外一方面來說，占有通達祖神意旨的手段的便有統治的
資格。統治階級也可以叫做通天階級，包括有通天本事的巫覡與
擁有巫覡亦即擁有通天手段的王帝。事實上，王本身即常是巫。
李玄伯云：　"君及官吏皆出自巫"(23)。陳夢家討論商代巫術，
亦云"由巫而史，而爲王者的行政官吏；王者自己雖爲政治領袖，
同時仍爲羣巫之長。"(24)

　　從這個觀點再回頭 來看古代藝術，我們便可 以很明瞭的看
出，不但"政治、宗教、藝術是結合在一起的"，而且作爲通天
工具之一的藝術，實在是通天階級的一個必要的政治手段，它在
政治權力之獲得與鞏固上所起的作用，是可以與戰車、戈戟、刑
法等等統治工具相比的。古代藝術在政治上的重要性，可以從環
繞著爲商周藝 術核心的青銅器 爲中心的九鼎傳 說上看得最是清
楚。古代王朝之占有九鼎，便是通天手段獨占的象徵。

　　關於九鼎的神話很多，其中《左傳·宣公三年》和《墨子·
耕柱》這兩段文字是熟知的，所說的九鼎故事也是中國歷史上屢
經傳述的。但從這篇短文所探取的觀點來加以分析，我們更可
以看出這些文字在中國古代美術史研究上的關鍵意義，因爲它把
"政治、宗教、與藝術"在中國古代結合起來的具體方式，很清
楚明白的點睛了。其一，《左傳宣三》講"遠方圖物、貢金九牧，

(22)　董作賓：上引《甲骨學六十年》，頁115-116。
(23)　李宗侗：《中國古代社會史》（臺北：華岡出版公司，1954），頁118。
(24)　陳夢家：〈商代的神話與巫術〉，《燕京學報》，20(1936)，頁535。

鑄鼎象物，……用能協於上下以承天休”這幾句話是直接講青銅
彝器上面的動物形的花紋的。各方的方國人民將各地特殊的“物”
畫成圖像，然後鑄在鼎上，正是說各地特殊的通天動物，都供
王朝的服役，以“協於上下，以承天休”。換言之，王帝不但
掌握各地方國的自然資源，而且掌握各地方國的通天工具，就好
像掌握著最多最有力的兵器一樣，是掌有大勢大力的象徵。其
二，《左傳》裏的“貢金九牧”與《墨子》裏的“折金於山川”
正是講到對各地自然資源裏面的銅礦錫礦的掌握。“鑄鼎象物”
是通天工具的製作，那麼對鑄鼎的原料卽銅礦錫礦的掌握，也便
是從基本上對通天工具的掌握。所以九鼎不但是通天權力的象
徵，而且是製作通天工具的原料與技術的獨占的象徵。其三，九
鼎的傳說，自夏朝開始，亦卽自中國歷史上第一個王朝開始，也
是十分恰當的。王權的政治權力來自對九鼎的象徵性的獨占，也
就是來自對中國古代藝術的獨占。所以改朝換代之際，不但有政
治權力的轉移，而且有中國古代藝術品精華的轉移。《逸周書》
講武王伐紂之後，不但“乃命南宮百達史佚遷九鼎三巫”（〈克
殷解〉）而且“得舊寶玉萬四千，佩玉億有八萬”（〈世俘
解〉）。《左傳》記周公封伯禽於魯，分“以大路大旂、夏后氏
之璜，封父之繁弱”等等不一而足。九鼎只不過是古代藝術的尖
端而已。[25]

㉕　唐蘭：〈關於“夏鼎”〉，《文史》第七輯(1979)，頁1-8。

從商周青銅器談文明與國家的起源*

一、前提概念

我想提出的問題，是指出中國古代文明的若干特性並試圖解釋為什麼會有這種特性，再進一步看看這種特性對於文明和國家的起源的問題有什麼樣的啟示。我覺得，中國古代史或中國歷史的研究有對社會科學一般法則的研究作出貢獻的潛力。對中國古代青銅器的研究是在這方面可作出貢獻的一個很好的例子，因為這個例子無論在論證或推理上都比較清楚和圓滿。具體地講，中國古代的文明是以中原地區為主，向北波及到內蒙、遼河流域，向南波及到長江流域。在這個廣大的區域內，中國古代文明是以青銅器（或是以特殊形制和裝飾花紋的青銅器）為特徵的，同時又以若干的玉器和其他美術品為特徵。我想要提出的一個很具體的問題是，中國古代文明為什麼會有如此特徵的青銅器、玉器？回答了這個為什麼，我們就可以對中國古代文明的特徵有較具體

---

*原載廈門大學人類學系編《人類學論叢》第一輯，1987，頁10-24。

的、建立在實證資料上的了解。而這正是我們能對世界文明史和
社會科學法則的研究有所貢獻的關鍵所在。但在討論此問題之
前，我想先提幾個研究中國古代史或古人類學的前提概念。因爲
在很多學科尤其是在中國古代史這種歷史很悠久的學科裏面，常
常會有很陳舊的、根深蒂固的思想包袱。在這個觀念澄清之前，
徑直走到古代史研究的資料裏去，有時不免常受這種觀念的束
縛。所以我要先提幾個前提概念來與各位討論。

　　第一，要從古代的歷史中得出對某個問題很滿意的解決，從
而使其他人能够信服，那麼，單指出現象是不够的，重要的是要
問一問“爲什麼？”只提出中國古代文明是以青銅器爲特徵，它
有若干特點，比如有饕餮紋、龍紋、鳳紋，說中國古代的文明就
是這樣，這是不够的。當然要研究中國古代的文明，得由此入
手，正因爲我們有這種形制和花紋的青銅器、玉器，因而中國古
代文明才與其他的文明不同。不過這只是第一步，僅第一步是不
够的；我們更要提出的是，中國古代文明“爲什麼”含有這些特
徵？假如我們能够得出一個具體的能讓人信服的答案來，才能使
我們在這個問題的研究上，得到相當程度的自信和滿足，也才能
使其他人信服並接受。所以要研究古史、古代美術、考古學的
話，我認爲要時常想想下面幾個單詞：What、Where、When、
How、Why。

　　第二，在任何一個學科尤其是歷史很悠久的學科裏面，我們
的思想包袱是沉重的。所以有時候，我們要把過去所有的成見暫
時地、完全地抛除，從頭想起。以殷商的王權繼承制的研究爲例，
多少年來，我們所了解的就是父死子繼，兄終弟及，這樣一代代

地傳下來。我們常常不自覺地毫無疑問地認爲：第一個王是第二
個王的父親，第二個王是第三個王的父親。我們之所以會不自覺
地作這樣假定，是因爲在中國幾千年的歷史中，許多朝代的帝王
繼承傳統就是如此。但是，假如把這個成見抛開，假如從零出
發，那麼，我們就沒有理由說，第一代和第二代非是父子關係不
可了。問題的關鍵在於父親是不是生父？兒子是不是親子？我們
是學習人類學的，知道在很多原始民族裏，有所謂分類式的親屬
稱謂，即所謂"伯父"、"叔父"都稱爲父。如果王乙是王甲的
子，王甲便是王乙的父這當然不錯，但是，王甲是否一定是王乙
的生父，這就很難說了，或許只是他的伯父、姑父、舅父？關於
這一點，從前提上是不能解決的。因爲不能僅憑文獻上說是父便
一定是生父。我們所要做的是找出種種資料來證明他是生父還是
伯父、叔父、姑父、舅父。反之，他的子也不一定就是他的親生
子，也許只是他的侄子或外甥（這些稱謂是後來才有的，在商代
只有父和子這兩個稱謂）。實際上，在古代，所謂父死子繼，只
不過是表明你這一家的父輩做了王，子（或侄）輩得到王位繼承
權的便利就遠比別人多。一方面這種統治別人的權力常跟親屬有
關，另一方面要獲得這種權力還要靠王位繼承人本身的本領或道
德表現。就是說，獲得王權，並不一定是從父親手上很容易地接
過來，而要根據他的本事把它"掙"來的。這個觀念是極其重要
的。在中國古代史中，特別是在王權轉移游移性較大的時代中，
通過功業和道德去掙得治理別人的權力，往往要比從親屬手裏繼
承王權這樣的方式更爲重要。這就提醒了我們，社會的進步是從
古到今，從早到晚的，而不是從今往古能够推上去的。

　　再舉一個例子來說明我們用後世的史實來推論前世的這種成
見。在講中國古代宗教時，許多中外學者都認爲它是以祖先崇拜
爲主要特徵的，甚至說就是祖先崇拜。這就把很複雜的中國古代
宗教簡單化了。其實在中國古代宗教裏，祖先崇拜固然是一個很
重要的成分，但更重要的是所謂的巫教。然而，許多人在研究中
國古代宗教時，把巫教的分量看輕了，這是因爲它的力量在後來
較衰微了。用後世衰微的情況推證上古的宗教情況，就容易犯上
述錯誤。

　　最後再舉一個例子，這就是用外國民族學或社會學或歷史學
的成見來看中國的現象。在研究中國古代文明和國家起源時，常
有這樣一條法則：在古代王國文明形成的過程中，血緣關係漸被
地緣關係所取代，政治的、地緣的團體占的成分比親屬占的成分
越來越厲害和強烈，而親屬關係則日趨衰微。這是根據外國古代
史所得的經驗 作出的結論， 用它來看中國具 體的史實 似乎很合
理，然而是錯誤的。因爲在中國古代，文明和國家起源轉變的階
段，血緣關係不但未被地緣關係所取代，反而是加強了，即親緣
與政治的關係更加緊密地結合起來。所以，我們不能僅根據外國
社會科學的法則簡單地來套中國的史實，而應從零開始，看看中
國的情況是否可用這種法則或其他的辦法來解決。就是說我們應
該不時地把根深蒂固的成見放在一邊，重新從起步開始，這樣，
或許會得到些新的解釋，當然，新的解釋不一定對，也不一定比
舊的好。但是，如果我們拋除了各種成見，完全以我們確有的歷
史資料爲最終依托，來作較合適的和客觀的解釋，也許有一天我
們產生出的新看法就可以解決過去所不能解決的問題。這就是我

想提出來討論的一個很基本的前提。

第三，研究中國古代史和古代社會，並沒有什麼本行和外行之分，或者說哪個學科是專門研究中國古代的。學科是次要的，而中國古代史的現實則是主要的。研究中國古代社會或者文明，對象是一些具體資料，包括考古的、文獻的資料。任何工具都可以拿來利用。目的是把可以利用的事實以及在能力所及的範圍之內能擠出來的所有信息都擠出來。假如這牽涉到外行或其他學科的工具，也不必客氣，完全可以使用它。所以，研究中國古史所需的工具，有歷史學、考古學、美術史、歷史語言學、體質人類學、比較社會學和世界史等。把這些學科融匯貫通，說起來容易做起來則有困難。我個人學習中國古代史，有些是在大學裏學的，有些是在研究生院裏學的，有些是在畢業後慢慢摸索出來的，雖有些心得，但現在仍感到所掌握的各方面工具實在不够。因而我覺得，得到各方面的工具是一件事情，而對於某一學科的了解及中間的隔膜又是另外一回事。

二、中國古代文明的幾個現象

要想把握住中國古代文明特徵本質的話，考察的對象應該是：在一定的地理範圍內，從比較早期形態到較高級形態演變的一段歷史。就中國歷史而言，我們要檢查中國古代文化發展的整個經過，從仰韶、大汶口文化經各地方性的龍山時期文化到二里頭文化、殷商文化一直延續下來。我們要檢討這段歷史具體的資料及每一段時間裏的具體現象，然後再看從哪一段開始可稱之文明，哪一段開始有城市和國家的出現。

　　我們先來看看產生文明需要什麼因素。這不但是研究中國文明也是研究世界上任何地方的文明最要緊的關鍵。這可以有不同的說法，但我覺得可以用一個最爲簡單的字 —— 財富 —— 來代表。文明沒有財富是建造不起來的，而財富本身有兩種表現，一是絕對的，另一是相對的。換言之，文明的基礎是財富在絕對程度上的累積。很貧乏的文化，很難產生我們在歷史學或考古學上所說的那種文明。另一方面，僅有財富的絕對累積還不夠，還需要財富的相對集中。在一個財富積累得很富裕的社會裏面，它會進一步地使社會之內的財富相對地集中到少數人手裏，而這少數人就使用這種集中起來的財富和大部分人的勞力來製造和產生文明的一些現象。這個看法合適不合適，它和其他的看法怎樣聯繫起來，希望大家討論和指教。假如接受這種說法，即假如文明產生的前提條件是財富的絕對累積和相對集中的話；那麼，要認識任何一個地區文明的歷史經過，就不僅僅只是了解，而且還要進一步地掌握、解釋這一地區的文明爲什麼產生、如何產生。我們要解釋的是什麼呢？就是說，在這個地區的社會裏，尤其是就這時期以前來講，它的財富是怎樣積累起來，同時，又是用什麼手段把財富集中到少數人手裏的。根據我自己學習世界文明史（包括中國文明史）的很不成熟的經驗，我認爲：沒有一個文明（假如我們稱之爲文明的話）的產生不是經過這樣一個程序而來的，即財富的積累與財富的集中。另一方面，在不同的文明中，財富是如何積累起來的？積累起來的財富又是如何在這個社會中集中起來的？不同的地區、文化、民族和社會也可能有不同的方式。

因此，在不同的地區就有不同的文明的表現。換言之，要掌握中
國文明的本質，解釋中國古代文明生存的因素，我建議看看中國
古代史裏何時有財富的積蓄，以及如何造成財富的積蓄；進一步
再看看何時有財富的集中，以及如何造成財富的集中。假如能够
回答這些問題，我們對中國古代文明和社會的了解就可得出能使
我們自己和同事信服和滿足的結論。我下面所提出的這個設想能
否得出這樣的結論，請諸位判斷。

　　我提出中國古代文明的幾個現象，就是跟財富的累積與集中
有關的。第一，是中國古代文明的生產工具、技術與文明產生以
前的生產工具、技術並沒有本質上的改變。我們當然很清楚，青
銅時代有青銅器，但是，中國青銅時代的一個很重要的特徵，就
是青銅器的使用，不是在生產技術方面，而是在另一方面，這在
下面馬上詳細談到。

　　青銅農具沒有發現，這是一個事實上的而不是我們主張上的
問題。青銅的農具假如有的話，也是非常少的。在春秋戰國時
代，長江流域下游有較多的青銅農具出現。但是據我所知，在殷
商、西周時代，青銅農具非常稀罕，甚至是沒有。在整個青銅時
代，相對來說生產工具還是用石頭做的，如石製的鋤、鐮刀、
鏟、斧，或骨製的，或貝殼做的，而且很可能大部分生產工具是
用木頭做的。儘管從考古報告看到的統計數字不多，然而根據所
能利用到的統計資料從數量上來說，青銅時代的斧、碎等石製農
具並沒有相對地減少，而青銅農具沒有出現。從甲骨文或考古材
料來看，青銅工具在青銅時代出現，並不能用灌溉技術的出現或

發展來解釋。 換言之， 生產工具， 技術這個領域中本質上的改
變，不是中國古代文明出現的主要因素。在生產技術領域裏面，
從新石器時代到文明時代，有著很強烈的連續性。所以有人把中
國古代的文明叫做連續性文明，來同其他若干所謂的突破性文明
加以區別。從其他方面也可看出中國文明的產生是連續性的。在
中國歷史的過程中，從史前到文明時代的另一個很重要的連續性
是宗族制度。很清楚的，宗族制度在中國古代文明社會裏面，是階
級文化和財富集中的一個重要基礎。在周代就成爲所謂的宗法制
度，就是大宗分成小宗，小宗再分成更小的宗，一支支分出去，
這在社會人類學 上稱之爲分節 的宗族制度。 在分節 的宗族制度
裏，系譜有著基本的重要性，它是從主支向分支分化的。反之，
又把某些權力逐級逐層地集中到大宗手中。簡而言之，中國的宗
法制是級級分化，以系譜爲基礎集中政治權力的一種很重要的基
本制度。中國古代親屬制度在考古學上的研究剛剛開始。宗族的
重要性在一些考古資料中可以非常清楚地看出來。比如說，對仰
韶文化元君廟墓地的布局作研究的學者一致認爲，仰韶時期已有
發達的宗族制度。這種宗族制度到了龍山時代很清楚地和財富的
分化結合起來。如在山西龍山文化裏汾陶寺墓地和山東龍山文化
諸城呈子墓地中，葬具的好壞，墓坑的大小，隨葬品的多寡，都
有較明顯的差別。這兩個墓地發掘報告的作者都相信龍山社會已
有宗族和階級的文化。 從這個基礎上再 進一步發展 到商代的社
會，宗族的分化就成爲政治權力的基礎。這在文獻上有很清楚的
說明，殷墟墓地的考古學研究也有很清楚的表現。這又是從史前
到文明時代延續性的一個表現，也是與財富積累有關的若干因素

的重要現象。

　　我再提出一個中國古代文明很重要的現象，即天人合一的宇宙觀。普林斯頓大學研究中國思想史的牟復禮（F. Mote）教授說：“眞正中國的宇宙起源論是一種有機物的程序的起源論。”“卽整個宇宙的所有組成部分都是屬同一有機物的整體，同時他們全部以參與者的身份在自發自生的生命程序之間發生作用。”哈佛大學的杜維明教授說：“這個有機物性的程序是三個基本的問題：連續性、整體性和動力性。所有的存在形式從一粒石子到天都是一個連 續體的組成部分。 既然在這個連 續體之外一無所有，存在的鏈子就永不會斷，在宇宙中間一對物質之間永遠可以找到它連續的關係。”（載於國內刊物《中國哲學史》）。天人合一的宇宙觀是從史前繼續下來的，是供給中國古代財富積累與集中的重要工具。這便牽涉到中國古代青銅器的問題。

三、中國古代青銅器──政治權力的工具

　　中國古代的青銅器是什麼呢？是青銅做的器具或器皿。從原料來講，是青銅作的；從形狀來講，是各種禮器、樂器、兵器、服御器等；從形制來講，有各種特殊的器形：鼎、鬲、簋等；從裝飾花紋來講，有動物性的裝飾花紋如龍、鳳、夔、饕餮等等。研究商周青銅器的人都知道中國古器物學、金石學上有一整套的術語，但這並不能代表中國古代青銅器的本質。從本質上說，中國古代青銅器等於中國古代政治權力的工具。《左傳》有一句話，“國之大事，在祀與戎。” 青銅硬度大 ，是可以製作生 產工具

的，但是，在中國它卻用來製作政治的工具，用以祭祀與打仗，
這是一種特殊、奇怪而需要進一步了解和解釋的事。要認識和掌
握這個現象，就要先掌握一個焦點，即祭祀用器。我們可以從動
物的紋樣來了解青銅器用作祭祀器皿的線索，並由此了解青銅器
在中國古史上的作用。這就牽涉到中國古代的巫教問題。“巫”
在甲骨文中寫作“田”。英文一般譯作Shamanism──薩滿教。
巫在中國古代宗教裏是個非常重要的職司。《國語・楚語》裏對
巫的解釋可供參考；“……如是則明神降之，在男曰覡，在女曰
巫”。陳夢家先生在〈商代的神話與巫術〉一文中，舉古代巫的
職司大致有五：祝史、預卜、醫、占夢、舞雩。但古代的巫並不
是專供宮廷驅使而已，巫就是宮廷，而巫所舉行的儀式及所代表
的宗教，就是中國古代宗教儀式的核心。陳夢家先生說：“由巫
而史而為王者的行政官吏，王者自己雖為政治領袖，同時仍為羣
巫之長。”研究中國古史的李玄伯先生也說：“君及官吏皆出于
巫”，這表明中國古代政教是不分的。那麼，巫借什麼工具來
“明神降之”，也就是舉行儀式，讓神來附體呢？

　　甲骨文中的“巫”字一般是寫成：“田”，最簡單的解釋，
就是兩“工”相交，“工”字在解釋巫上面是一個很重要的概
念。據有些人的看法，“工”就是矩。《周髀算經》上說，“環
矩以為圓，合矩以為方，……方屬地，圓屬天，天圓地方，是故
知地者智，知天者聖。”矩顯然是古代科學、技術、思想上的一
個很重要的工具，那麼使矩的專家也就是掌握天、地的專家。能
夠掌天握地的巫就是具備聖人、智者的起碼資格。巫不但能掌握
方圓，更要緊的是能進一步貫通天地。貫通天地是中國古代宇宙

觀裏一個最重要的動力和焦點。這種"天人合一"的宇宙觀將宇宙分爲不同的層次。 古代宗教和儀式的 主要任務是使生人（活人）能够貫通不同的層次，能上天入地，能貫通明暗、陰陽、生死， 巫的任務就是執行這項業務。 那麼， 巫用什麼手段來通天呢？我們可以根據民族學、人類學對古代史的研究來探討。我們並不是要把現代民族學或社會學的理論來套合中國古代史實，而是根據現代民族學、社會學的啟示來復原中國古代史實本身。中國古代的巫師通天的手段大體有下面幾種:

一是根據天地間直接的物理性聯繫，這在薩滿教裏叫做大地之柱，巫就是由此柱上下，另外他們還依靠往來於天地之間的使者同天地聯繫。巫教中主要的大地之柱有二，卽山與樹。這些材料不但中國古代史料裏有，而且實際上在世界許多原始民族裏也有。 例如中國古代有神山的觀念， 這些神山後 來成了所謂的五岳。泰山之所以成爲祭祀場所，是古代天柱觀念的殘餘，樹也是一種直接的通天材料，參天古木直聳雲霄，在古人看來是連接天地的直接工具。古代關於神木的神話也很多，而且頂上往往有鳥類棲息。從鳥和樹的密切關係，我們知道鳥也是巫師通天的一個重要助手。除了鳥之外，巫師升降天地的媒介使者還有鳳。甲骨文中提到帝之使鳳，郭沫若先生說: "蓋視鳳爲天帝之使，而祀之以二犬。" 由於鳳假借於風，故風也是一種帝使，卽溝通天地的另一種媒介使者是風。這可以參考周策縱先生的〈古巫對樂舞的發展的貢獻〉一文。（載於《清華學報》，專門談風、鳥及鳳祈的觀念。）風之所以重要，是因爲它和鳥一樣，可在天地明暗之間穿梭來往，上面所舉的都是直接可通天的工具。

　　第二種與此有密切關係的通天工具是各種不同的動物。（參考〈商周銅器動物紋樣〉，載《考古與文物》）。在原始民族的薩滿教裏，動物是通天的一個非常重要的手段，這也可以從中國古代祭祀活動中的犧牲身上體現出來。這裏有兩種表現：一是動物本身作犧牲，它的魂靈就是巫的助手，往來於天地之間；另一是青銅器（或木器、玉器、漆器）上面的動物，巫師希望以動物來排除通天過程中的障碍。後世的《三嬌經》提到道士以龍、虎、鹿等作交通工具雲遊各地，拜見神明。此外，古代的巫師和現代的薩滿還借重酒力、藥力進入一種精神恍惚的狀態。在中國古代青銅禮器中，主要是用以飲、盛、溫的酒器。二里頭遺址出土的中國最早的青銅器中，爵和斝便是酒器。喝酒及各種祭器上的動物形象可幫助巫師升天入地。中國古代有沒有藥？古代的靈芝是所謂神聖的蘑菇，吃過後會進入一種迷魂狀態。我們知道，在中國很早就已種植大麻了。仰韶時期，大麻籽卽是五穀之一。東漢《神農百草經》講大麻："多食會見鬼狂走，久服通神明、輕身。"可見至少在東漢時期，人們已經知道大麻藥的作用。在古代巫術裏，除動物是媒介外，星占、鳥占、夢占和卦測等也是通天的一些手段。

　　另一種工具是儀式和法器。陳夢家先生談商代巫術，舉二種法器，一是血，二是玉。殺鷄取得的血可供巫術之用，玉石法器中最重要的是琮。對良渚文化的琮，我建議各位從幾方面去考慮，琮的特徵有圓有方，圓方相套，天地貫通，上面有動物花紋。在琮上面，中國古代藝術的許多成份清楚經濟地放在一個小小的器物上來，裏面包括了中國古代巫術的所有重要成份：　天地、貫通大地之柱，同時有動物的使者、助手。所以琮很可能是良渚時代巫師 通天的一種 重要法器。 到了商代它 漸被青銅器取代，象徵著九鼎的時代取代了玉琮的時代。

此外，還有飲食舞樂。飲食、舞樂與巫師進入迷魂狀態有密切的關係，也是研究中國古代文藝的重要線索。《楚辭‧九歌》實際上就是對以舞樂來溝通神明的具體描寫。飲食禮器是商周美術的核心，如把曾侯乙墓中的各種器物與《楚辭》中所描寫的來比較一番，就會發現許多相同的地方，這些都是巫覡溝通人神、生死的基本工具。從這個觀點來看，中國古代的藝術品就是巫師的法器。這樣巫教、巫師與政權的關係就很清楚了。握有中國古代藝術品的人就握有了溝通天地的手段，也就是掌握了古代政權的工具。

上面很清楚地說明了商周藝術與巫術的關係。藝術的特徵也正是要從巫術與政治的關係來理解。楊向奎先生在《中國古代思想》中點明了巫覡與政策的關係，他說：我們可以知道九黎亂德以後，每個人都做起神的職務來了，分不清誰是神，誰是人了，明神同位，上帝乃以重黎分管神人之事。這樣，巫的職責就專門化，以後平民就不能與上帝相通，這麼一來，國王斷絕了天人的交通，壟斷了交通上帝的大權，通天的巫術成為統治者的專利，即統治的工具。 天是智慧的泉源， 因此， 通天的人是先知先覺的，擁有統治人間的智慧的權利。有人問墨子：“鬼神孰與聖人明智？”答：“神鬼之明智與聖人猶聰耳明目之與聾瞽也。”所以，即使是聖，是王也要受鬼神的領導。由此可清楚地看出政治與宗教藝術是結合在一起的，作為通天工具的藝術，在政治權力

的獲得和鞏固方面所起的作用，可以與戰車和戈戟、刑法這種統
治工具相比。這在以作爲商周藝術核心的青銅器中的九鼎傳說上
看得很清楚。古代王朝占有九鼎，就是獨占通天手段的象徵。這
一點，《左傳》說得很清楚：各地特殊的通天動物都爲王朝服役
以“協於上下，以承天休。”國王掌握了各方國的自然資源和通
天工具，就像掌握了最有力的軍器一樣，是掌握大勢大力的象
徵。《左傳》裏講：“貢金九牧”，《墨子》裏講“折金於山
川”，就是對各地自然資源的掌握，而自然資源中的銅、錫礦產
就是鑄鼎的材料。所以，九鼎不但是通天權力獨占的象徵，而且
是製作通天工具原料獨占的象徵。九鼎傳說始於夏代是很恰當
的。王權的政治權力來自九鼎，對九鼎的象徵性地獨占，就是對
古代藝術品的獨占，所以中國歷史上改朝換代時，不但有政治權
力的轉移，而且也有藝術品精華的轉移。所以我們作結論說，中
國古代青銅器爲什麼會有這種現象？中國古代文明爲什麼以青銅
器爲特徵？這是因爲在巫教環境之內，中國古代青銅器是獲取和
維持政治權力的主要工具。

四、中國文明特徵即財富與統治的關係不是中國
　　　獨有而是世界共有的

從中國的古代資料出發，我們提倡建立一個文明和國家產生
的法則,就是說：在中國和中國這一類的文明裏面,文明產生的必
要因素,財富的積蓄和集中的法則是什麼呢？第一，在考古學上
文明所表現出來的財富的集中並不是借生產技術和貿易的革新之

類，而幾乎完全是靠生產勞動力的增加而造成的，即是靠政治性
的措施造成的 。第二，作為政治程序占有優勢地位這一項事實的
重要表現是古代貿易的性質。在這類社會裏面，貿易的主要對象
是與政治有關的物資，而戰略性物質的流通則是以戰爭的形式來
實現的。第三、由於財富的集中是借政治的程序（即人與人之間
的關係） 而不是借技術和商業程序 （即人與自然的關係） 造成
的，因此我們就可稱這類文明為連續性文明。第四，事實上現有
的宇宙觀及社會體系為政治提供了操縱的工具，操縱的關鍵在於
社會與經濟的分層。在中國，這種分層，可資證明的表現有三：
一是宗族分支，二是聚落等級體系，它導致城市和國家的形成，
三是巫師階層和巫教的法器的獨占，包括美術寶藏的獨占。這種
現象是中國文明產生的特徵。為什麼中國文明能够像其他文明那
樣產生，而在採取的形式與其他文明又有所不同，要想認識這些
問題，我們就需要最大限度地利用資料，看看這些資料能否對社
會科學一般法則的形成與證實有較大的貢獻。假如要以此為目標
的話，我們就要走出中國的圈子，把中國的現象放在世界史的框
子裏去檢查，同異在何處？

　　如果我們把中國古代文明、美洲瑪雅文明和近東蘇美爾文明
作一初步的比較，同時，看看在其他的文明如瑪雅文明裏面它的
財富積累和集中的程序是怎麼樣的。我們就可以初步地得出一個
結論：瑪雅文明的形成過程基本上和中國文明的形成過程是相同
的；而蘇美爾人的文明在財富的積蓄和集中方面與中國文明則有
著很大的不同。瑪雅文明（前10世紀——後10世紀）從新石器時
代到文明的變化進程中，引起的生產技術變化與宗族系統演變、

美術的功能，在基本的輪廓上與中國完全相同。不但是瑪雅，而且整個新大陸的文明的形成，都是這種連續性的形式。美國社會人類學家彼得·弗斯特 (Peter Furst) 在他的一連串文章中，提出了一個“亞美式薩滿教”的意識形態，他相信這種巫教意識形態代表了舊石器時代人類從亞洲大陸進入新大陸時的一個文化底層。換言之，兩萬年前，人類的老祖先通過白令海峽從亞洲移民到美洲時，文化已經相當發達，它的文化裏已經有了下述的基本的成份：第一、薩滿性宇宙乃是巫術性的宇宙，而在自然和超自然的社會現象中，乃是巫師變形的結果，而不是像猶太教、基督教傳統的從虛無而產生的創造。第二、宇宙一般是多層的，上下層世界通常又分成若干層次，有時還有四方之神和四土之神。還有分別統治天界和地界的最高神靈。這些神靈固然能控制人和其他動物的命運，但他們也能爲人所操縱。第三，薩滿教的另一條道理是人和自然世界在本質上是相等的，“人類絕不是造天的主人，而是永遠靠天吃飯的。”第四，與人和動物平等觀念相關的另一觀念，是人與動物之間的相互關係，即人與動物之間的相互轉形。自古以來，人和動物就有以對方的形象出現的能力。第五，自然環境裏的所有現象都被具有一種生命力的靈魂賦予生命，因此，在薩滿世界裏面，沒有我們所謂的無生物這個意識。第六，人類和動物的靈魂或其本質生命力，一般聚居在頭骨裏，人類和動物能從他們的骨骼裏面再生，故薩滿教有一種骨骼化的觀念，薩滿在他的迷魂的骨骼式的狀態裏所作的死亡和再生，常在象徵性的薩滿法器和藝術上表現出來。

　　這些最重要的特徵，與中國古代青銅器所屬的巫教特徵很相

似。中國文明、瑪雅文明和其他很多文明代表古代一個基層的進
一步發展，在此基層上發展出來的文明，都是連續性的文明。在
這些文明的城市、國家產生的過程中，政治程序（而非技術、貿
易程序）都是主要的動力。在此基層上發展的過程中，某些地方
發生過一些飛躍性的突破。我們知道的一個突破性文明是蘇美爾
文明。它後來通過巴比倫、希臘、羅馬而演進到現代的西方文
明，所以現代的西方文明從蘇美爾文明開始就代表著一種從亞美
文化底層突破出來的一些新現象。這種文明產生的財富的累積和
集中的程序，主要不是政治程序而是技術、貿易程序，這可在兩
河流域的考古學和古代史的研究中得以證實。從這裏引伸出來的
一點，是西方的社會科學所演繹出來的許多原則、法則、法理，
是根據從蘇美爾文明以來的西方文明的歷史經驗中綜合歸納出來
的。

　　就像我們從中國古代五千年或更長的歷史中，也可以綜合歸
納出許多社會科學的法則一樣。問題在於“歐風東漸”——西方
社會科學輸入中國以來，有許多西方的法則便直接地套到中國的
史實上去。我覺得，我們需要做一些很重要的工作，就是要把西
方社會科學的法則來和中國豐富的歷史經驗加以對比，看看有多
少是適用的，有多少是不適用的。我相信大部分代表人類的法則
是可以適用的，但有一部分是不能適用的。這些不能適用的部分
有的就牽涉到文明城市和國家的起源問題。馬克思、恩格斯唯物
史觀是代表西方社會科學對古史分期的研究，而在這個古史分期
之外，有一個亞細亞生產方式的問題，這代表了西方社會科學法
則裏所不能解決的若干東方現象，我相信，對亞細亞生產方式的

進一步研究，對於了解中國歷史與西方社會科學之間的彼此照應
關係是一個很重要的入手途徑。

連續與破裂：一個文明起源新說的草稿[*]

前言

1984年9月我在西安爲陝西省考古工作者所作的一次講演裏面，曾經說過：“我預計社會科學的二十一世紀應該是中國的世紀”（載《考古與文物》1985年第三期）。後來看見有人在小報上對這個說法有所議論，可是因爲原文語焉不詳，稍有誤解，所以在這裏我再將作這種說法的理由較明確的說述一下。我相信中國研究能在社會科學上作重大的一般性的貢獻，所以如此者是因爲它有傳統的二十四史和近年來逐漸累積的史前史這一筆龐大的本錢。全世界古今文明固然很多，而其中有如此悠長的歷史記錄的則只有中國一家。亡友瑞德教授曾經說過：“全球上沒有任何民族有像中華民族那樣龐大的對他們過去歷史的記錄。兩千五百年的‘正史’裏所記錄下來的個別事件的總額是無法計算的。要將二十五史翻成英文，需用四千五百萬個單字，而這還只代表那整個記錄中的一小部分”（Arthur F. Wright, “On the uses of generalization in the study of Chinese history”, 載L. Gottschalk 編*Generalization in the Writing of History*, 1963, 37頁，美國芝加哥大學出版社）。這批代表廣大地域、悠長時間的一筆史

＊原載《九州學刊》，第一期(1986)，頁1-8。

料中，一定會蘊藏著對人類文化、社會發展程序、發展規律，有重大啟示作用，或甚至證實價值的寶貴資料。可是這筆資料一直還很少被社會科學理論家好好利用過。過去這一兩百年是西方社會科學旺盛時期，而值得我們注意的一件事實是在西方社會科學裏面所有的各種法則、規律──應該是有普遍適用性的，不然便不該稱做法則、規律了──都是根據西方歷史經驗歸納綜合出來的，因爲過去西方社會科學者對東方歷史的知識是比較貧乏的。二十世紀初西方社會科學傳入中國，中外社會科學家便很自然的把西方的理論套在中國的史實上去。這種研究態度的理論基礎，可以用郭沫若在1929年所寫《中國古代社會研究》自序中這幾句話作爲代表：

　　只要是一個人體，他的發展，無論是紅黃黑白，大抵相同。

　　由人所組織的社會也正是一樣。

　　中國人有一句口頭禪，說是"我們的國情不同"。這種民族的偏見差不多各個民族都有。

　　然而中國人不是神，也不是猴子，中國人所組成的社會不應該有什麼不同。

　　我們的要求就是要用人的觀點來觀察中國的社會，但這必要的條件是須要我們跳出一切成見的圈子。

這幾句話所代表的研究觀點在當時是有革命性的，它打破了中國學究孤芳自賞的傳統，將中國社會史放在社會科學一般框架中去研究。經過五十多年來的研究，我們已看得出來上引最後的這一段話，是至今還有適用性的，但是它只把該說的話說了一半，因爲我們今天新的要求是要用中國社會的觀點來觀察人，而爲此作必要的條件也是"須要我們跳出一切成見的圈子"。一個很重要的成見，便是西方社會科學所提供的法則能適用於全人類，包括中國歷史在內。其實，這個前提是需要證明的，不宜無批判的接受下來的。近年來，西方學者對中國學問的研究境界逐漸提高，中國學者對世界史和社會科學理論的了解也漸趨於客觀化，這便很自然的導致中國歷史與社會科學研究之間重要連鎖關係的清楚認識。上引瑞德教授的夫人瑪莉瑞德教授在 二十多年以前便討 論過社會科學與中 國史料之間的關係，並且對社會科學者提出了一個挑戰性的問題： "假如社會科學家的目的是要建立可能達得到的最廣泛的一般原則，再假如任何一般原則的廣度要靠它所能適用的現象的範圍來決定的，那麼〔社會科學家〕他們自己的研究在學術上的要 求難道不就把他們引 到中國史料有關部 分的研究上去嗎？"（Mary C. Wright, 載 *The Journal of Asian Studies*, 卷 20, 1961年，頁 220-221）。中國史料中潛伏的重要意義一旦被社會科學者認識並且加以利用，中國歷史一定成爲許許多多研究題目集中利用的寶庫，因此有二十一世紀是社會科學的中國世紀的一說。要把中國史的這種潛力發揮出來，我們需要做三件事：深入研究中國史料，儘量了解學習世界史和深刻了解各種西方社會科學理論，有了這三個條件我們才能看得出來有那些西方社會科學理論能適用於中國史，有那些理論需藉中國史實加以修正，以及從中國史實中可以歸納出來那些新的社會科學理論、法則。作這些工作都須長時間、深功夫，而且每人只能個別的自具體小問題開始。下文便是這類研究的一例，是1986年 6 月在華盛頓召開的 "中國史與社會科學" 會議一篇論文的中譯。

    由於近年來考古工作所獲致的新材料開始能使我們逐漸了解到文明、 城市生活、 和社會的國家 型態是如何 在中國開始產生的，我們也同時開始意識到中國古史研究在社會科學一般法則上的重要意義。中國提供了將根據西方歷史研究所擬定出來的若干社會科學的理論假說加以測試的重要資料，而我們已發現若干有關文明起源的重要假說是通不過這個測試的。同時，中國又提供足夠的資料從它本身來擬定新的社會科學法則；文明如何在中國

開始便是一個很好的例子。上面這兩點──卽在文明起源上若干
西方的一般法則不適用於中國，同時在這方面中國提供它自己的
一般規律──當然是彼此相關的。對中國、馬雅和蘇米文明的一
個初步的比較研究[1]顯示出來，中國的型態很可能是全世界向文
明轉進的主要型態，而西方的型態實在是個例外，因此社會科學
裏面自西方經驗而來的一般法則不能有普遍的應用性。我將中國
的型態叫做“連續性”的型態，而將西方的叫做“破裂性”的型
態。

連續性

　　中國古代文明的一個可以說是最爲令人注目的特徵，是從意
識形態上說來它是在一個整體性的宇宙形成論的框架裏面創造出
來的。用牟復禮 (F. W. Mote) 氏的話來說，“眞正中國的宇宙起
源論是一種有機物性的程序的起源論，就是說整個宇宙的所有的
組成部分都屬於同一個有機的整體，而且它們全都以參與者的身
分在一個自發自生的生命程序之中互相作用”。[2]杜維明氏進一
步指出，這個有機物性的程序“呈示三個基本的主題：連續性、
整體性和動力性。存在的所有形式從一個石子到天，都是一個連
續體的組成部分……既然在這連續體之外一無所有，存在的鏈子
便從不破斷。在宇宙之中任何一對物事之間永遠可以找到連鎖關

---

(1) K. C. Chang, *Continuity and Rupture: Ancient China and the Rise of Civilizations*, Manuscript being prepared for publication.

(2) F. Mote, *Intellectual Foundations of China* (New York: A. A. Knopf: 1971), p. 19.

係。」[3] 中國古代的這種世界觀 —— 有人稱為 "聯繫性的宇宙觀"[4]——顯然不是中國獨有的；基本上它代表在原始社會中廣泛出現的人類世界觀[5]的基層。這種宇宙觀在中國古代存在的特殊重要性是一個不折不扣的文明在它的基礎之上與在它的界限之內建立起來這件事實。中國古代文明是一個連續性的文明。

當我們向東穿過太平洋而找到許多在同一個宇宙觀基層的上面和範圍之內建造起來的新大陸的文明時，上面這件事實的重要意義便看得更為清楚。在1972年一篇研究美洲印第安人的薩滿教和迷魂藥的文章中，拉巴爾 (Weston LaBarre) 氏主張說美洲印第安人多半保持有他們的祖先在進入新大陸時自他們在亞洲的老家所帶來的一個遠古舊石器時代與中石器時代基層的若干特徵，尤其包括對進入迷昏狀態的強調。[6]順著同一個方向而以中美洲的研究為根據，佛爾斯脫 (Peter T. Furst) 氏擬測了一個所謂 "亞美式薩滿教的意識形態內容" 如下[7]：

㈠薩滿式的宇宙乃是巫術性的宇宙，而所謂自然的和超自然的環境這種現象乃是巫術式變形的結果，而不是像在猶太基督教

---

(3) W. M. Tu, "The Continuity of being: Chinese versions of Nature" in his *Confucian Thought* (Albany: State University of New York Press, 1985), p. 38.

(4) Benjamin I. Schwartz, *The World of Thought in Ancient China* (Cambridge: Harvard University Press, 1985), p. 350.

(5) Claude Levi-Strauss, *The Savage Mind* (University of Chicago Press, 1966).

(6) "Hallucinogens and the shamanic origins of religions", in: *Flesh of the Gods*, Peter T. Furst, ed., (New York: Praeger, 1972), pp. 261-278.

(7) "Shamanistic survivals in Mesoamerican religion", *Acta del XLI Congress Internacional de Americanistas*, Mexico. vol. III (1976), pp. 149-157.

傳統中的自虛無而生的"創造"。

　　㈡宇宙一般是分成多層的，以中間的一層以下的下層世界和以上的上層世界爲主要的區分。下層世界與上層世界通常更進一步分成若干層次，每層經常有其個別的神靈式的統治者和超自然式的居民。有時還有四方之神或四土之神，還有分別統治天界與地界的最高神靈。這些神靈中有的固然控制人類和其他生物的命運，但他們也可以爲人所操縱，例如通過供奉犧牲。宇宙的諸層之間爲一個中央之柱（所謂"世界之軸"）所穿通；這個柱與薩滿的各種向上界與下界升降的象徵物在概念上與在實際上都相結合。薩滿還有樹，或稱世界之樹，上面經常有一隻鳥——在天界飛翔與超越各界的象徵物——在登棲著。同時，世界又爲平行的南北、東西兩軸切分爲四個象限，而且不同的方向常與不同的顏色相結合。

　　㈢薩滿教的知識世界中的另一條公理是說人和動物在品質上是相等的，而且，用斯賓登（Herbert Spinden）氏的話說，"人類決不是造世的主人，而永遠是靠天吃飯的"。

　　㈣與人和動物品質相等這個觀念密切相關的另一個觀念是人與動物之間互相轉形，即自古以來就有的人和動物彼此以對方形式出現的能力。人與動物之相等性又表現於"知心的動物朋友"和"動物夥伴"這些觀念上；同時，薩滿們一般又有動物助手。在由薩滿所領帶的祭儀上，薩滿和其他參與者又戴上這些動物的皮、面具、和其他特徵來象徵向他們的動物對方的轉形。

　　㈤自然環境中的所有現象都被一種生命力或靈魂賦以生命。因此在薩滿世界裏沒有我們所謂"無生物"這種物事。

㈥人類和動物的靈魂，或其本質生命力，一般駐居在骨頭裏面，經常在頭的骨裏。人類和動物從他們的骨骼再生。薩滿教的骨骼化——即薩滿在他的迷魂失神狀態之中從他的骨骼式的狀態之中所作的儀式性入會式的死亡與再生，有時用挨餓到剩下一把骨骼那樣的方式來演出，而經常象徵式的在薩滿的法器中和他們藝術上表現出來——也同樣與這些觀念有關。

㈦靈魂可以與身體分開並且可以在地球各處旅行甚至旅行到上界、下界；它也可能被敵對的精靈或黑巫師所掠去，而為薩滿所拯救回來。失靈魂是疾病的一個常見的原因，另一個原因是自敵對的環境中來的外界物體侵入了身體。疾病的診斷和治療都是薩滿的特殊本事。

㈧最後一點是迷魂失神這種現象，而常常（並非永遠是或到處都是）由產生幻象的植物所促成的。

佛爾斯脫舉出了上述的薩滿式世界觀的特徵之後，更進一步的說，"上述的大部特徵對我們所知範圍之內的西班牙人來到以前的文明時代的中美洲和其象徵體系的適用性，並不下於它對較單純的社會中較典型性的薩滿教的適用性。變形式的起源說，而非聖經式的創造說，乃是中美洲宗教的標誌。有其個別的精靈界的統治者的分層宇宙、世界之軸、有鳥棲息的世界之樹、世界之山、世界的四象限以及有顏色的四方 —— 這些都確然 是中美洲的。 人和動物在品質上的相等性、 動物密友、 動物夥伴、 動物皮、 爪、 牙齒、 面具和其他部分的使用以象徵轉形或造成轉形，等等， 也都是中美洲的。 " [8]

_____

(8)　*Ibid.* p.153.

　　上面我引述了佛爾斯脫⁽⁹⁾的不少話，是因爲其中不少，甚至
全部，在早期中國文明的適用性亦不下於在西班牙人以前文明時
代中美洲的適用性。我們所指的是下述中國古代象徵和信仰體系
的殘碎可是顯炫的遺存：公元前五千到三千年前仰韶文化中的骨
骼式的美術；公元前三千到兩千年前東海岸史前文化裏面帶獸面
紋和鳥紋的玉琮和玉圭；殷商時代（約 1300-1100 B. C.）甲骨
文中所見對自然神的供奉、世界的四土，四方的鳳和精靈，和鳳
爲帝史的稱呼；商周時代（約1500-200 B. C.）祭祀用器上面的
動物形象；中國古人對“在存在的所有形式之中‘氣’的連續存
有”⁽¹⁰⁾的信仰；東周(450-200 B. C.)《楚辭》薩滿詩歌及其對
薩滿和他們升降的描述，和其中將走失的靈魂的召喚。這一類的
證據指向在重視天地貫通的中國古代的信仰與儀式體系的核心的
中國古代的薩滿教。事實上，甲骨文中的巫字，田，就可以看作
是對規矩使用的表現，而規矩正是掌握圓（天）方（地）的基本
工具 ⁽¹¹⁾。甚至於薩滿教的迷魂失神這一方面也可以由祭儀與酒
的密切聯繫並由有迷魂效用的大麻在古代（至少可以早到東漢）
的使用看出來⁽¹²⁾。

(9)　see also his: “The roots and continuities of shamanism”, *Artscanada*
　　　nos. 185-187 (1973-74), pp. 33-60.

(10)　W. M. Tu, *op. cit.* 1985, p. 38.

(11)　張光直：〈談“琮”及其在中國古代文明史上的意義〉，《文物出版社成立
　　　三十週年紀念論文集》（北京：文物出版社）1986。

(12)　Hui-lin Li, “The origins and use of Cannabis in Eastern Asia:
　　　Linguistic and cultural implications”, *Economic Botany*, vol. 28
　　　(1974), p. 195.

中國古代薩滿教的詳細復原 (13) 不是本文的目的。有些漢學
同業們可能表示異議，舉出各種理由來證明這樣一種復原不可能
有壓倒性的證據。（我常常聽到的兩個理由是迷魂失神狀態在甲
骨文裏面顯然缺如，以及對商周文明必然已經進步到野蠻民族的
薩滿教階段 以後的假定）。 這種復 原果然是不可 能是百分之百
的。但是我們在此地所討論的是全局而不是資料中已不保存的每
一細節。在作一種主要類型學的判斷的情況之下，所要問的問題
是：如果不是這樣的，那麼便是怎樣的呢？ 緊要的一點是佛爾斯
脫所復原的亞美薩滿底層和古代中國世界觀的大勢都是聯繫性的
宇宙觀，同時在中國、在新大陸、具有城市生活和國家式的社會
的高級文明在相似的關頭形成， 而對 "存有的連續性" 毫無損
害。

　　在文首我們說過中國文明的特點是它是在一個整體性的宇宙
形成論的框架裏創造出來的，但我們的意思並不是把意識形態作
為前進的主要動力。 中國文明， 以及其他相似文明 的產生的特
徵，是在這個產生過程中，意識形態作為重新調整社會的經濟關
係以產生文明所必需的財富之集中的一個主要工具。具體的講，
我們的新說包含下述文明產生的必要因素:
　　㈠在考古學的文明上所表現出來的財富之集中，在我們的說
法，並不是藉生產技術和貿易上的革新這一類公認造成財富的增
加與流通的方式而達成的。它幾乎全然是藉生產勞動力的操縱而

---

(13) See K.C. Chang, *Art, Myth, and Ritual: The Path to Political Authority in Ancient China* (Cambridge: Harvard University Press, 1983); *Continuity and Rupture*, op. cit.

達成的。生產量的增加是靠勞動力的增加（由人口增加和戰俘掠取而造成的）、靠將更多的勞動力指派於生產活動和靠更爲有效率的經理技術而產生的。換言之，財富之相對性與絕對性的積蓄主要是靠政治程序而達成的。

㈡作爲政治程序佔有優勢地位的一項重要表現的事實，是貿易主要是限於寶貨的範圍之內，而戰略性物資的流通常以戰爭方式加以實現。

㈢由於財富的 集中是藉政治的程序 （卽人與人之間 的關係上）而不藉技術或商業的程序（卽人與自然之間的關係上）造成的，連續性文明的產生不導致生態平衡的破壞而能够在連續下來的宇宙觀的框架中實現。

㈣事實上，現有的宇宙觀以及社會體系正供給了政治操縱的工具。那操縱的關鍵在於社會與經濟的分層，而在中國這種分層在三處從考古和文獻資料可以證實的項目中取得表現，卽宗族分枝、聚落的等級體系（導致城市和國家）和薩滿階層以及薩滿教的法器（包括美術寶藏）獨佔。

㈤上述各種現象中，由人口增加和宗族分枝導致的走向階級社會是眾知的社會現象，不需進一步的說明。具有各種政治地位與職業地位的分枝宗族與形成等級體系的聚落彼此扣合，而其中的機關也是眾 所周知的。 但上述的第 三點需 要進一步的簡單說明。

在分層的宇宙之內，祖先和神居住在上面的層次。生人經由薩滿或薩滿一類的人物，藉動物伴侶和法器——包括裝飾著有關動物形象的禮器——的幫助與他們溝通。在像中國這樣把祖先或神的智慧的賦予與統治的權利之間劃等號的文明之中，對薩滿服務的獨佔與美術寶藏——亦卽薩滿法器——的佔有便是社會上層人士的必要條件。在這個意義上，那個亞美基層的聯繫性的宇宙觀本身便成爲使統治者能夠操縱勞動力並能夠把人類和他的自然資源之間的關係能加以重新安排的意識形態體系。

破裂性

中國文明當是藉由中國所代表的政治程序而自古代亞美基層發展出來的許多古代文明中的一個。對於熟習馬克思、恩格斯、韋柏、柴爾德等關於社會進化和城市、國家興起的各種理論的社會科學來說，中國走向文明之路卻好像是一種變型——常常稱爲“亞細亞式的”變型。據這些理論的說法，到了“文明”這個階段，正如這個字所示，人類已達到了有禮貌、有溫雅的境界，“而與野蠻人，卽農村的粗鄙的人不同。”[14] 從定義上說來，文明人是住在城市裏面的——文雅、精緻、在美術上有成就，與鄉村的野人和史前的野蠻祖先相對照。在一個比較深入的層次來說，這個城鄉的對照也就是文化與自然的對照：

> 我們可以把一個文明的成長程序看作是人類之逐漸創造一個比較大而且複雜的環境：這不但通過對生態系統之中範圍較廣的資源的越來越厲害的利用而在自然領域中如此，而且在社會和精神的領域中也是如此。同時，野

(14) Glyn Daniel, *The First Civilizations* (New York: T. Y. Crowell, 1968), p. 19.

> 蠻的獵人所居住的環境，在許多方面與其他動物的環境
> 並沒有什麼不同，雖然它已經爲語言及文化中一大套的
> 其他人工器物的使用所擴大，而文明人則居住在說來的
> 確是他自己所創造出來的環境之中。在這個意義上，文
> 明乃是人類自己所造成的環境，他做了這個環境以將他
> 自己與那原始的自然環境本身隔離開來。(15)

柯林·任福儒氏所下的這個定義，觸到了很普通的一個信仰的核
心，就是說當人類自野蠻踏過了文明的門檻時，他從他和他的動
物朋友們分享的一個自然的世界，邁入了一個他自己所創造的世
界，而在這個世界中他用許多人工器物把他自己圍繞起來而將他
與他的動物朋友分隔開來並且將他抬到一個較高的水平——這些
器物便包括了鉅大的建築物、文字以及偉大的美術作風。

　　這個常見的 文明定義 與我們上面 所討論的文 明作尖銳的對
照，卽連續性的文明——人類與動物之間的連續、地與天之間的
連續、文化與自然之間的連續。當這兩種不同類型的文明發生直
接的接觸的時候，這個對照便不能再快地顯露出來了：

> 墨西哥人(卽阿兹忒克人)把他們的都城 (Tenochtitlan)
> 和它的環境之間的關係看作一個整合性的宇宙論的結構
> ——亦卽一個有秩序的宇宙，在其中自然現象被當作是
> 從本質上說是神聖的、有生命的、並且與人類的活動發
> 生密切關係的。這種觀點與歐洲人的看法相對照：後者
> 把城市看作文明的人工產物，亦卽宗教與法律制度在那

---

(15) Colin Renfrew, *The Emergence of Civilization* (London: Methuen, 1972), p. 11.

裏很尖銳地將人類的身分與未經馴化的自然的身體區分
開來的地方。西班牙的修道士與兵士們自動的就將作為
人類的他們自己在一個上帝創造的秩序之中比生命的其
他形式為高的一個層次。但是印第安人則以一種參與的
意識來對待自然現象：宇宙被看成是各種生命力之間的
關係的反映，而生命的每一方面都是一個互相交叉的宇
宙體系的一部分。(16)

在這裏所說的阿茲忒克人與西班牙人之間的對照——或說甚
至是亞美基層與西方社會科學理論之間的對照——提醒我們對我
們的新說的兩項重要含義的注意：其一，西方社會科學講理論一
般都是從西方文明的歷史經驗裏產生出來的，而它們對非西方的
經驗可能適用也可能不適用。其二，更重要的一點，產生那種適
用於一個新的社會秩序的一般理論的那種西方經驗，必然從它一
開始便代表從其餘的人類所共有的基層的一種質上的破裂。當我
們檢討那已被追溯到近東的那種經驗的史前史時，我們果然見到
另一類型文明的形成，而這種類型的特徵不是連續性而是破裂性
——即與宇宙形成的整體論的破裂——與人類和他的自然資源之
間的分割性。走這條路的文明是用由生產技術革命與以貿易形式
輸入新的資源這種方式積蓄起來的財富為基礎而建造起來的。追
溯這條道路要靠西方文明的學者，要靠他們來講述和解釋人類自
亞美基層的首次突破。

---

(16) Richard F. Townsend, *State and Cosmos in the Art of Tenochtitlan*
(Washington, D. C.: Dumbarton Oaks, 1979), p. 9.

中國青銅時代 第二集

1990年11月初版　　　　　　　　　　　　　定價：新臺幣450元
2020年3月二版
2021年5月二版二刷
有著作權‧翻印必究
Printed in Taiwan.

著　者　張　光　直

出　版　者　聯經出版事業股份有限公司　　副總編輯　陳　逸　華
地　　　址　新北市汐止區大同路一段369號1樓　總編輯　涂　豐　恩
台北聯經書房　台北市新生南路三段94號　　總經理　陳　芝　宇
電　　　話　（０２）２３６２０３０８　　社　長　羅　國　俊
台中分公司　台中市北區崇德路一段198號　發行人　林　載　爵
暨門市電話　（０４）２２３１２０２３
台中電子信箱　e-mail：linking2@ms42.hinet.net
郵政劃撥帳戶第０１００５５９-３號
郵撥電話　（０２）２３６２０３０８
印　刷　者　世和印製企業有限公司
總　經　銷　聯合發行股份有限公司
發　行　所　新北市新店區寶橋路235巷6弄6號2F
電　　　話　（０２）２９１７８０２２

行政院新聞局出版事業登記證局版臺業字第0130號

本書如有缺頁，破損，倒裝請寄回台北聯經書房更換。　ISBN　978-957-08-5487-9 (精裝)
聯經網址 http://www.linkingbooks.com.tw
電子信箱 e-mail:linking@udngroup.com

國家圖書館出版品預行編目資料

中國青銅時代 第二集 / 張光直著 . 二版 . 新北市 .
聯經 . 2020.03 . 168面 . 14.8×21公分 .
ISBN　978-957-08-5487-9（精裝）
[2021年5月二版二刷]

1.文化史　2.青銅器時代　3.中國

631　　　　　　　　　　　　　　　　　109001687